대한민국 법령 시리즈 535

간호법

법령
시행령
시행규칙

해광출판사

머리말

이 책은 방대한 법전을 보지 않고 간편하게 해당되는 법령만 참고해서 볼 수 있도록 하였습니다. 공공기관이나 관련 종사자들이 쉽고 간편하게 해당 법령을 참조 할 수 있도록 하였습니다.

특히 해당법률은 물론 관련 시행령, 시행규칙을 함께 실어 관련법을 서로 참고할 수 있게 하였습니다.

법률이라는 것이 크든 작든 항상 변하는 관계로, 출간 이후의 정확하고 최신의 법률은 법제처 국가법령정보센터에서 확인이 가능하니 법률의 실제 적용 시 확인이 필요한 점 유의하기를 바랍니다.

편집부

* 수록 법률은 법제처 국가법령정보센터에서 확인 가능합니다.
* 발행일 기준 시행 법률이므로 최신 법령은 위 센터에서 볼 수 있습니다.
* 본 책자에 수록된 법률의 문구에 대하여 법적인 효력은 없으며,
  실제 적용 법률은 위 센터에서 최신의 법률로 확인하시기 바랍니다.
* 해당 법령과 함께 시행령, 시행규칙도 수록되어 있습니다.
* 발행일 기준으로 개정 예정 법률은 밑줄로 별도 표시되어 있으며,
  보다 정확한 것은 법제처에서 확인하기 바랍니다.

목차

간호법 / 7

간호법 시행령 / 39

간호법 시행규칙 / 61

간호법

[시행 2025. 6. 21.] [법률 제20445호, 2024. 9. 20., 제정]

제1장 총칙
제1조(목적)
제2조(정의)
제3조(다른 법률과의 관계)
제2장 면허와 자격
제4조(간호사 면허)
제5조(전문간호사 자격인정)
제6조(간호조무사 자격인정 등)
제7조(결격사유)
제8조(국가시험)
제9조(응시자격의 제한)
제10조(면허 또는 자격의 등록과 조건)
제11조(면허 대여 금지 등)
제3장 간호사등의 업무
제12조(간호사의 업무)
제13조(전문간호사의 업무)
제14조(진료지원업무의 수행)
제15조(간호조무사의 업무)
제16조(보수교육)
제17조(실태 및 취업상황 등의 신고)
제4장 간호사 및 간호조무사 단체
제18조(간호사중앙회와 지부)
제19조(설립 허가 등)
제20조(간호조무사협회)
제21조(자격정지 처분 요구 등)
제22조(협조의무)
제23조(감독)
제5장 간호사등의 권리 및 처우 개선 등
제24조(국가 및 지방자치단체의 책무 등)

제25조(간호사등의 권리)
제26조(간호사등의 책무)
제27조(간호사등 인권침해 금지)
제28조(간호사등의 일 · 가정 양립지원)
제29조(간호사 대 환자 수)
제30조(교대근무)
제31조(간호인력 지원센터의 설치 및 운영)
제32조(교육전담간호사)
제33조(교육지원)
제6장 간호종합계획의 수립 등
제34조(간호종합계획의 수립 등)
제35조(연도별 시행계획의 수립 · 시행)
제36조(계획수립의 협조)
제37조(실태조사)
제38조(간호정책심의위원회)
제7장 보칙
제39조(면허 또는 자격의 취소와 재교부)
제40조(면허 또는 자격의 효력정지)
제41조(청문)
제42조(시정명령)
제43조(경비 보조 등)
제44조(수수료)
제45조(권한 등의 위임 · 위탁)
제8장 벌칙
제46조(벌칙)
제47조(양벌규정)

**개정 예정 법률 밑줄 별도 표시.

간호법

[시행 2025. 6. 21.] [법률 제20445호, 2024. 9. 20., 제정]

제1장 총칙

제1조(목적) 이 법은 모든 국민이 보건의료기관, 학교, 산업현장, 재가 및 각종 사회복지시설 등 간호사등이 종사하는 다양한 영역에서 수준 높은 간호 혜택을 받을 수 있도록 간호에 관하여 필요한 사항을 규정함으로써 의료의 질 향상과 환자안전을 도모하여 국민의 건강 증진에 이바지함을 목적으로 한다.

제2조(정의) 이 법에서 사용하는 용어의 뜻은 다음과 같다.

1. "간호사"란 제4조에 따른 면허를 받은 사람을 말한다.
2. "전문간호사"란 제5조에 따른 자격인정을 받은 사람을 말한다.
3. "간호조무사"란 제6조에 따른 자격인정을 받은 사람을 말한다.
4. "간호사등"이란 간호사 · 전문간호사 · 간호조무사를 말한다.
5. "의료기관"이란 「의료법」 제3조제1항에 따른 의료기관을 말한다.
6. "보건의료기관"이란 「보건의료기본법」 제3조제4호에 따른 보건의료기관을 말한다.

제3조(다른 법률과의 관계) 간호사등에 관하여 이 법에서 규정하지 아니한 사항에 대하여는 「보건의료기본법」과 「의료법」 등 보건의료 관계 법률을 따른다.

제2장 면허와 자격

제4조(간호사 면허) ① 간호사가 되려는 사람은 다음 각 호의 어느 하나에 해당하는 사람으로서 제8조에 따른 간호사 국가시험에 합격한 후 보건복지부장관의 면허를 받아야 한다.

1. 「고등교육법」 제11조의2에 따른 인정기관(이하 이 조에서 "평가인증기구"라 한다)의 인증을 받은 간호학을 전공하는 대학이나 전문대학[구제(舊制) 전문학교와 간호학교를 포함한다]을 졸업한 사람

2. 외국의 제1호에 해당하는 학교(보건복지부장관이 정하여 고시하는 인정기준에 해당하는 학교를 말한다)를 졸업하고 외국의 간호사 면허를 받은 사람

② 제1항에도 불구하고 입학 당시 평가인증기구의 인증을 받은 간호학을 전공하는 대학 또는 전문대학에 입학한 사람으로서 그 대학 또는 전문대학을 졸업하고 해당 학위를 받은 사람은 같은 항 제1호에 해당하는 사람으로 본다.

③ 평가인증기구의 인증을 받은 간호학을 전공하는 대학이나 전문대학을 6개월 이내에 졸업하고 해당 학위를 받을 것으로 예정된 사람은 제1항제1호의 자격을 가진 사람으로 본다. 다만, 그 졸업예정 시기에 졸업하고 해당 학위를 받아야 면허를 받을 수 있다.

제5조(전문간호사 자격인정) ① 보건복지부장관은 간호사에게 제4조에 따른 간호사 면허 외에 전문간호사 자격을 인정할 수 있다.

② 전문간호사가 되려는 사람은 다음 각 호의 어느 하나에 해당하는 사람으로서 보건복지부장관이 실시하는 전문간호사 자격시험에 합격한 후 보건복지부장관의 자격인정을 받아야 한다.

1. 보건복지부령으로 정하는 전문간호사 교육과정을 이수한 사람

2. 보건복지부장관이 인정하는 외국의 해당 분야 전문간호사 자격이 있는 사람

③ 전문간호사의 자격 구분, 자격 기준, 자격 시험, 자격증, 그 밖에 필요한 사항은 보건복지부령으로 정한다.

제6조(간호조무사 자격인정 등) ① 간호조무사가 되려는 사람은 다음 각 호의 어느 하나에 해당하는 사람으로서 보건복지부령으로 정하는 교육과정을 이수하고 제8조에 따른 간호조무사 국가시험에 합격한 후 보건복지부장관의 자격인정을 받아야 한다.

1. 초·중등교육법령에 따른 특성화고등학교의 간호 관련 학과를 졸업한 사람(간호조무사 국가시험 응시일부터 6개월 이내에 졸업이 예정된 사람을 포함한다)

2. 「초·중등교육법」 제2조에 따른 고등학교 졸업자(간호조무사 국가시험 응시일부터 6개월 이내에 졸업이 예정된 사람을 포함한다) 또는 초·중등교육법령에 따라 같은 수준 이상의 학력이 있다고 인정되는 사람(이하 이 조에서 "고등학교 졸업 이상 학력 인정자"라 한다)으로서 보건복지부령으로 정하는 국·공립 간호조무사양성소의 교육을 이수한 사람

3. 고등학교 졸업 이상 학력 인정자로서 평생교육법령에 따른 평생교육시설에서 고등학교 교과 과정에 상응하는 교육과정 중 간호 관련 학과를 졸업한 사람(간호조무사 국가시험 응시일부터 6개월 이내에 졸업이 예정된 사람을 포함한다)

4. 고등학교 졸업 이상 학력 인정자로서 「학원의 설립·운영 및

과외교습에 관한 법률」 제2조의2제2항에 따른 학원의 간호조무사 교습과정을 이수한 사람

5. 고등학교 졸업 이상 학력 인정자로서 외국의 간호조무사 교육과정(보건복지부장관이 정하여 고시하는 인정기준에 해당하는 교육과정을 말한다)을 이수하고 해당 국가의 간호조무사 자격을 취득한 사람

6. 제4조제1항제1호 또는 제2호에 해당하는 사람

② 제1항제1호부터 제4호까지에 따른 간호조무사 교육훈련기관은 보건복지부장관의 지정·평가를 받아야 한다. 이 경우 보건복지부장관은 간호조무사 교육훈련기관의 지정을 위한 평가업무를 대통령령으로 정하는 절차·방식에 따라 관계 전문기관에 위탁할 수 있다.

③ 보건복지부장관은 제2항에 따른 간호조무사 교육훈련기관이 거짓이나 그 밖의 부정한 방법으로 지정받는 등 대통령령으로 정하는 사유에 해당하는 경우에는 그 지정을 취소할 수 있다.

④ 제1항에 따른 간호조무사 자격인정, 제2항에 따른 간호조무사 교육훈련기관의 지정·평가 등에 필요한 사항은 보건복지부령으로 정한다.

제7조(결격사유) 다음 각 호의 어느 하나에 해당하는 사람은 간호사등이 될 수 없다.

1. 「정신건강증진 및 정신질환자 복지서비스 지원에 관한 법률」 제3조제1호에 따른 정신질환자. 다만, 「의료법」 제77조에 따른 전문의가 간호사등으로서 적합하다고 인정하는 사람은 그러하지 아니하다.

2. 마약 · 대마 · 향정신성의약품 중독자

3. 피성년후견인 · 피한정후견인

4. 금고 이상의 실형을 선고받고 그 집행이 끝나거나 집행이 면제된 날부터 5년이 지나지 아니한 사람

5. 금고 이상의 형의 집행유예를 선고받고 그 유예기간이 지난 후 2년이 지나지 아니한 사람

6. 금고 이상의 형의 선고유예를 받고 그 유예기간 중에 있는 사람

제8조(국가시험) ① 간호사 및 간호조무사 국가시험(이하 "국가시험"이라 한다)은 매년 보건복지부장관이 시행한다.

② 보건복지부장관은 국가시험의 관리를 대통령령으로 정하는 바에 따라 「한국보건의료인국가시험원법」에 따른 한국보건의료인국가시험원에 위탁할 수 있다.

③ 보건복지부장관은 제2항에 따라 국가시험의 관리를 위탁한 때에는 그 관리에 필요한 예산을 지원할 수 있다.

④ 국가시험에 필요한 사항은 대통령령으로 정한다.

제9조(응시자격의 제한) ① 제7조 각 호의 어느 하나에 해당하는 사람은 국가시험에 응시할 수 없다.

② 부정한 방법으로 국가시험에 응시하거나 국가시험에 관하여 부정행위를 한 사람에 대하여는 그 수험을 정지시키거나 합격을 무효로 한다.

③ 보건복지부장관은 제2항에 따라 수험이 정지되거나 합격이 무효가 된 사람에 대하여 처분의 사유와 위반 정도 등을 고려하여 대통령령으로 정하는 바에 따라 그 다음에 치러지는 국가시험의 응시

를 3회의 범위에서 제한할 수 있다.

제10조(면허 또는 자격의 등록과 조건) ① 보건복지부장관은 제4조부터 제6조까지에 따른 면허를 내주거나 자격인정을 할 때에는 그 면허 또는 자격에 관한 사항을 등록대장에 등록하고 면허증 또는 자격증을 발급하여야 한다.

② 보건복지부장관은 보건의료 시책에 필요하다고 인정하면 제4조에 따른 면허를 내줄 때 3년 이내의 기간을 정하여 특정 지역이나 특정 업무에 종사할 것을 면허의 조건으로 붙일 수 있다.

③ 제1항의 등록대장은 간호사 · 전문간호사 · 간호조무사별로 따로 작성 · 비치하여야 한다.

④ 그 밖에 면허 또는 자격의 등록과 면허증 또는 자격증의 발급에 필요한 사항은 보건복지부령으로 정한다.

제11조(면허 대여 금지 등) ① 간호사등은 제4조부터 제6조까지에 따라 받은 면허 또는 자격을 다른 사람에게 대여하여서는 아니 된다.

② 누구든지 제4조부터 제6조까지에 따라 받은 면허 또는 자격을 대여받아서는 아니 되며, 면허 또는 자격의 대여를 알선하여서도 아니 된다.

제3장 간호사등의 업무

제12조(간호사의 업무) ① 간호사는 다음 각 호의 업무를 임무로 한다.

1. 환자의 간호요구에 대한 관찰, 자료수집, 간호판단 및 요양을 위한 간호

2. 「의료법」에 따른 의사, 치과의사, 한의사의 지도하에 시행하는

진료의 보조

3. 간호 요구자에 대한 교육·상담 및 건강증진을 위한 활동의 기획과 수행, 그 밖에 대통령령으로 정하는 보건활동

4. 간호조무사가 수행하는 제1호부터 제3호까지의 업무 보조에 대한 지도

② 제1항에도 불구하고 간호사는 「의료법」 제3조제2항제3호에 따른 병원급 의료기관(이하 "병원급 의료기관"이라 한다) 중 보건복지부령으로 정하는 기관에서 환자의 진료 및 치료행위에 관한 의사의 전문적 판단이 있은 후에 의사의 일반적 지도와 위임에 근거하여 진료지원업무를 수행할 수 있다.

③ 제1항제2호 및 제2항에 따른 업무에는 「의료기사 등에 관한 법률」 제2조 및 제3조에 따른 의료기사등의 업무는 원칙적으로 제외하되, 구체적인 범위와 한계는 대통령령으로 정한다.

제13조(전문간호사의 업무) ① 전문간호사는 제5조제2항에 따라 자격을 인정받은 전문 분야에서 업무를 수행하여야 한다.

② 전문간호사의 업무 범위는 보건복지부령으로 정한다.

제14조(진료지원업무의 수행) ① 제12조제2항에 따른 진료지원업무를 수행하려는 간호사는 다음 각 호의 어느 하나의 요건을 갖추어야 한다.

1. 전문간호사 자격을 보유할 것

2. 보건복지부령으로 정하는 임상경력 및 교육과정의 이수에 따른 자격을 보유할 것

② 진료지원업무의 구체적인 기준과 내용, 교육과정 운영기관의

지정 · 평가, 병원급 의료기관의 기준 및 절차 · 요건 준수에 관한 사항은 보건복지부령으로 정한다.

[시행일] 제14조제2항에 따른 교육과정 운영기관의 지정 및 평가는 공포 후 9개월이 경과한 날부터 3년 내에 시행하되, 그 기간 내에 보건복지부령으로 정하는 시점부터 시행

제15조(간호조무사의 업무) ① 간호조무사는 「의료법」 제27조에도 불구하고 간호사를 보조하여 제12조제1항제1호부터 제3호까지의 업무를 수행할 수 있다.

② 제1항에도 불구하고 간호조무사는 「의료법」 제3조제2항제1호에 따른 의원급 의료기관에 한정하여 같은 법에 따른 의사, 치과의사, 한의사의 지도하에 환자의 요양을 위한 간호 및 진료의 보조를 수행할 수 있다.

③ 제1항 및 제2항에 따른 구체적인 업무의 범위와 한계에 관하여 필요한 사항은 보건복지부령으로 정한다.

제16조(보수교육) ① 간호사는 제18조제9항에 따른 보수(補修)교육을 받아야 한다.

② 간호조무사는 보건복지부령으로 정하는 바에 따라 보수교육을 받아야 한다.

제17조(실태 및 취업상황 등의 신고) ① 간호사는 대통령령으로 정하는 바에 따라 최초로 면허를 받은 후부터 3년마다 그 실태와 취업상황 등을 보건복지부장관에게 신고하여야 한다.

② 보건복지부장관은 제16조제1항에 따른 보수교육을 이수하지 아니한 간호사에 대하여 제1항에 따른 신고를 반려할 수 있다.

③ 보건복지부장관은 제1항에 따른 신고 수리 업무를 대통령령으로 정하는 바에 따라 제18조제1항에 따른 간호사중앙회에 위탁할 수 있다.

④ 간호조무사는 보건복지부령으로 정하는 바에 따라 최초로 자격인정을 받은 후부터 3년마다 그 실태와 취업상황 등을 보건복지부장관에게 신고하여야 한다.

제4장 간호사 및 간호조무사 단체

제18조(간호사중앙회와 지부) ① 간호사는 대통령령으로 정하는 바에 따라 전국적 조직을 두는 간호사회(이하 "간호사중앙회"라 한다)를 설립하여야 한다.

② 간호사중앙회는 법인으로 한다.

③ 제1항에 따라 간호사중앙회가 설립된 경우에는 간호사는 당연히 간호사중앙회의 회원이 되며, 간호사중앙회의 정관을 지켜야 한다.

④ 간호사중앙회는 대통령령으로 정하는 바에 따라 특별시·광역시·특별자치시·도 및 특별자치도(이하 "시·도"라 한다)에 지부를 설치하여야 하며, 시·군·구(자치구를 말한다)에 분회를 설치할 수 있다. 다만, 그 외의 지부를 설치하려면 보건복지부장관의 승인을 받아야 한다.

⑤ 간호사중앙회가 지부나 분회를 설치한 때에는 그 지부나 분회의 책임자는 지체 없이 특별시장·광역시장·특별자치시장·도지사·특별자치도지사(이하 "시·도지사"라 한다) 또는 시장·군수·구청장(자치구의 구청장을 말한다. 이하 같다)에게 신고하여야 한다.

⑥ 간호사중앙회는 제21조에 따른 자격정지 처분 요구에 관한 사항 등을 심의·의결하기 위하여 윤리위원회를 둔다.

⑦ 제6항에 따른 윤리위원회의 구성·운영 등에 관한 사항은 대통령령으로 정한다.

⑧ 간호사중앙회에 관하여 이 법에 규정되지 아니한 사항은 「민법」 중 사단법인에 관한 규정을 준용한다.

⑨ 간호사중앙회는 보건복지부령으로 정하는 바에 따라 회원의 자질 향상을 위하여 필요한 보수교육을 실시하여야 한다.

제19조(설립 허가 등) ① 간호사중앙회를 설립하려면 대표자는 대통령령으로 정하는 바에 따라 정관과 그 밖에 필요한 서류를 보건복지부장관에게 제출하여 설립 허가를 받아야 한다.

② 간호사중앙회의 정관에 적을 사항은 대통령령으로 정한다.

③ 간호사중앙회가 정관을 변경하려면 보건복지부장관의 허가를 받아야 한다.

제20조(간호조무사협회) ① 간호조무사는 대통령령으로 정하는 바에 따라 전국적 조직을 두는 간호조무사협회(이하 "간호조무사협회"라 한다)를 설립할 수 있다.

② 간호조무사협회는 법인으로 한다.

③ 간호조무사협회의 설립 허가의 신청 등에 필요한 사항은 보건복지부령으로 정한다.

④ 간호조무사협회는 제21조에 따른 자격정지 처분 요구에 관한 사항 등을 심의·의결하기 위하여 윤리위원회를 둔다.

⑤ 제4항에 따른 윤리위원회의 구성·운영 등에 관한 사항은 대

통령령으로 정한다.

⑥ 간호조무사협회에 관하여 이 법에 규정되지 아니한 사항은 「민법」 중 사단법인에 관한 규정을 준용한다.

⑦ 간호조무사협회의 정관에 적을 사항은 보건복지부령으로 정한다.

⑧ 간호조무사협회가 정관을 변경하려면 보건복지부장관의 허가를 받아야 한다.

제21조(자격정지 처분 요구 등) 간호사중앙회 및 간호조무사협회의 장은 간호사 및 간호조무사가 「의료법」 제66조제1항제1호에 해당하는 경우에는 각각 제18조제6항 및 제20조제4항에 따른 윤리위원회의 심의·의결을 거쳐 보건복지부장관에게 「의료법」 제66조제1항에 따른 자격정지 처분을 요구할 수 있다.

제22조(협조의무) 간호사중앙회 및 간호조무사협회는 보건복지부장관으로부터 의료와 국민보건 향상에 관한 협조 요청을 받으면 협조하여야 한다.

제23조(감독) 보건복지부장관은 간호사중앙회나 그 지부 또는 간호조무사협회가 정관으로 정한 사업 외의 사업을 하거나 국민보건 향상에 장애가 되는 행위를 한 때 또는 제22조에 따른 요청을 받고 협조하지 아니한 경우에는 정관을 변경하거나 임원을 새로 뽑을 것을 명할 수 있다.

제5장 간호사등의 권리 및 처우 개선 등

제24조(국가 및 지방자치단체의 책무 등) ① 국가 및 지방자치단체

는 근무환경 및 처우 개선을 통한 간호사등의 장기근속 유도 및 숙련 인력 확보를 위하여 필요한 정책을 수립하고 그에 따른 지원을 하여야 한다.

② 국가 및 지방자치단체는 제1항에 따른 정책의 효율적 수립 및 수행에 필요한 재원을 확보하는 등 예산상의 조치를 취할 수 있다.

③ 국가 및 지방자치단체는 숙련 간호사의 확보를 위하여 예산의 범위에서 의료기관 및 관련 단체 등에 필요한 재정지원을 할 수 있다.

④ 국가 및 지방자치단체는 서울특별시 · 인천광역시 및 경기도가 아닌 시 · 도에 소재한 병원급 의료기관 중 보건복지부령으로 정하는 의료기관이 적정 수준의 간호사를 확보할 수 있도록 의료기관 등에 필요한 지원을 할 수 있다.

⑤ 간호사등을 고용하는 각종 기관과 시설의 장은 간호사등의 근무환경 및 처우 개선을 위하여 필요한 지원을 하여야 한다.

제25조(간호사등의 권리) ① 간호사등은 자신의 전문성과 경험, 양심에 따라 최적의 간호 서비스를 제공할 수 있고, 이를 보장하기 위하여 적정한 노동시간의 확보, 일 · 가정 양립지원 및 근무환경과 처우의 개선 등을 요구할 권리를 가진다.

② 간호사등은 「의료법」 제27조제5항을 위반한 무면허 의료행위 지시를 거부할 수 있으며, 보건의료기관의 장 및 무면허 의료행위 지시를 한 자 또는 이와 관련된 자는 무면허 의료행위 지시를 거부한 사람에 대하여 징계 등 불이익한 처우를 하여서는 아니 된다.

제26조(간호사등의 책무) 간호사등은 보건의료의 중요한 담당자로서 자발적으로 그 능력의 개발 및 향상을 도모하도록 노력하여야 한다.

제27조(간호사등 인권침해 금지) ① 누구든지 간호사등에게 업무상 적정범위를 넘는 신체적·정신적 고통을 주거나 근무환경을 악화시키는 행위(이하 이 조에서 "인권침해행위"라 한다)를 하여서는 아니 된다.

② 각종 기관 및 시설의 장은 간호현장에서 간호사등에 대한 인권침해행위가 발생하지 아니하도록 최선의 노력을 다하여야 한다.

③ 보건복지부장관은 간호현장에서 간호사등에 대한 인권침해행위가 발생하지 아니하도록 예방 및 교육을 충실히 하여야 한다.

④ 제3항에 따른 예방 및 교육 등에 필요한 사항은 보건복지부령으로 정한다.

⑤ 누구든지 간호사등에 대한 인권침해행위가 발생한 사실을 알게 된 경우 그 사실을 해당 보건의료기관의 장에게 신고할 수 있고, 신고를 받은 보건의료기관의 장은 「근로기준법」 제76조의3에 따른 조치를 하여야 한다.

제28조(간호사등의 일·가정 양립지원) 보건의료기관의 장은 간호사등이 「근로기준법」 제74조에 따른 출산전후휴가 또는 유산·사산휴가 및 「남녀고용평등과 일·가정 양립 지원에 관한 법률」 제19조에 따른 육아휴직을 사용하거나 같은 법 제19조의2에 따른 육아기 근로시간 단축으로 인하여 발생하는 업무의 결손이 다른 간호사등의 근로조건을 악화시키지 아니하도록 필요한 조치를 강구하여야 한다.

제29조(간호사 대 환자 수) 국가는 병원급 의료기관 중 보건복지부령으로 정하는 의료기관에 근무하는 간호사 1인당 환자 수를 줄이기 위하여 필요한 정책을 수립하고 그에 따른 지원을 할 수 있다.

제30조(교대근무) ① 국가는 병원급 의료기관 중 보건복지부령으로 정하는 의료기관에 근무하는 간호사가 규칙적이고 예측 가능한 교대근무를 할 수 있도록 필요한 지원을 할 수 있다.

② 제1항에 따른 의료기관의 장은 질병, 사고 등 예기치 못한 사정으로 근무를 할 수 없게 된 간호사를 대신하여 근무할 수 있는 대체인력을 둘 수 있다.

③ 국가는 제2항에 따른 대체인력 배치에 필요한 비용의 전부 또는 일부를 지원할 수 있다.

제31조(간호인력 지원센터의 설치 및 운영) ① 보건복지부장관은 보건의료기관 등 지역사회의 다양한 간호현장에 근무하는 간호사 및 간호조무사의 장기근속 유도, 이직 방지, 전문성 및 자질 향상 등을 지원하기 위하여 다음 각 호의 업무를 수행하는 간호인력 지원센터를 특별시ㆍ광역시ㆍ도ㆍ특별자치도별로 설치ㆍ운영할 수 있다.

1. 지역별, 기관별 간호인력의 근무여건과 복리후생 등 실태에 관한 현황 조사
2. 제4조제1항제1호에 따른 간호학을 전공하는 대학이나 전문대학(구제 전문학교와 간호학교를 포함한다) 졸업예정자에 대한 취업교육 및 신규 간호인력의 취업 확대와 장기근속 유도 지원
3. 간호인력의 역량 강화 지원
4. 간호인력의 경력단절 방지 및 재취업 지원
5. 간호인력에 대한 사회적 인식개선 및 홍보 지원
6. 간호인력의 업무 수행 중 발생하는 고충 해소 및 상담 지원
7. 제32조에 따른 교육전담간호사의 교육

8. 그 밖에 간호인력 지원을 위하여 보건복지부장관이 정하는 사항

② 보건복지부장관은 간호인력 지원센터를 효율적으로 운영하기 위하여 그 운영에 관한 업무를 대통령령으로 정하는 절차·방식에 따라 관계 전문기관 또는 단체에 위탁할 수 있다.

③ 국가 및 지방자치단체는 제2항에 따라 간호인력 지원센터의 운영에 관한 업무를 위탁한 경우에는 그 운영에 드는 비용을 지원할 수 있다.

④ 그 밖에 간호인력 지원센터의 운영 등에 필요한 사항은 보건복지부령으로 정한다.

제32조(교육전담간호사) ① 병원급 의료기관에는 신규 채용되거나 보임된 간호사, 간호대학생(이하 이 조에서 "신규간호사등"이라 한다)에게 직무수행에 필요한 지식, 기술 및 역량 등을 전수하고 적응을 지원하기 위하여 교육전담간호사 양성교육을 이수하는 등 보건복지부령으로 정하는 자격을 갖춘 교육전담간호사를 두어야 한다.

② 제1항에 따른 교육전담간호사는 다음 각 호의 직무를 수행한다.

1. 신규간호사등의 교육과정 기획·운영·평가
2. 신규간호사등의 교육 총괄 및 관리
3. 신규간호사등의 교육을 담당하는 인력의 관리 및 지도
4. 신규간호사등의 교육에 필요한 자원 확보·개발

③ 국가는 제1항에 따른 교육전담간호사 운영에 필요한 비용의 전부 또는 일부를 지원할 수 있다.

④ 제1항에 따른 교육전담간호사의 배치 대상과 기준은 의료기관의 종류 및 규모, 신규간호사등의 수 등을 고려하여 보건복지부령으

로 정한다.

제33조(교육지원) 의료기관의 장은 교육훈련 중인 간호사를 대신하여 근무할 수 있는 대체인력을 둘 수 있다.

제6장 간호종합계획의 수립 등

제34조(간호종합계획의 수립 등) ① 보건복지부장관은 간호사등을 양성하여 보건의료기관 등이 원활히 간호사등을 확보할 수 있도록 지원하고, 간호사등에 대한 처우 개선을 위하여 5년마다 간호종합계획(이하 “종합계획”이라 한다)을 수립하여야 한다. 이 경우 종합계획은 「보건의료기본법」 제15조에 따른 보건의료발전계획, 「지역보건법」 제7조에 따른 지역보건의료계획, 「보건의료인력지원법」 제5조에 따른 보건의료인력 종합계획, 「의료법」 제60조의2에 따른 의료인 수급계획과 연계하여 수립한다.

② 보건복지부장관은 종합계획을 수립할 때에는 미리 관계 중앙행정기관의 장과 협의하여야 한다.

③ 종합계획은 제38조에 따른 간호정책심의위원회의 심의를 거쳐 확정한다. 이 경우 보건복지부장관은 확정된 종합계획을 관계 중앙행정기관의 장 및 시ㆍ도지사에게 알려야 한다.

제35조(연도별 시행계획의 수립ㆍ시행) ① 보건복지부장관, 관계 중앙행정기관의 장 및 시ㆍ도지사는 매년 종합계획에 따라 간호정책 시행계획(이하 “시행계획”이라 한다)을 수립ㆍ시행하여야 한다.

② 관계 중앙행정기관의 장 및 시ㆍ도지사는 다음 연도의 시행계획과 전년도의 시행계획에 따른 추진실적을 매년 보건복지부장관에

게 제출하고, 보건복지부장관은 매년 시행계획에 따른 추진실적을 평가하여야 한다.

③ 시행계획의 수립·시행 및 추진실적의 평가 등에 필요한 사항은 대통령령으로 정한다.

제36조(계획수립의 협조) ① 보건복지부장관, 관계 중앙행정기관의 장 및 시·도지사는 종합계획 또는 시행계획의 수립·시행을 위하여 필요한 경우에는 관계 기관 또는 단체의 장에게 협조를 요청할 수 있다.

② 제1항에 따른 요청을 받은 자는 정당한 사유가 없으면 이에 따라야 한다.

제37조(실태조사) ① 보건복지부장관은 5년마다 다음 각 호의 사항이 포함된 간호사등에 관한 실태조사(이하 이 조에서 "실태조사"라 한다)를 실시하여 그 결과를 공표하고, 이를 종합계획과 시행계획에 반영하여야 한다.

1. 간호사등의 수급 변화에 관한 사항
2. 보건의료기관별·직종별·지역별 간호사등의 현황 및 업무 실태에 관한 사항
3. 간호사등의 근무시간, 근무형태, 이직률, 직업 만족도 등 근무 여건과 근무환경에 관한 사항
4. 간호사등의 임금 수준 및 지급 실태에 관한 사항
5. 간호사등에 대한 교육·훈련 및 인력 관리에 관한 사항
6. 간호사등의 인권침해 실태 및 일·가정 양립에 관한 사항
7. 그 밖에 간호사등의 양성 및 처우 개선을 위하여 필요한 사항

② 보건복지부장관은 실태조사를 위하여 관계 기관·법인·단체·시설의 장에게 필요한 자료의 제출 또는 의견의 진술을 요청할 수 있다. 이 경우 요청을 받은 자는 정당한 사유가 없으면 이에 협조하여야 한다.

③ 실태조사의 내용과 방법 등에 필요한 사항은 보건복지부령으로 정한다.

第38조(간호정책심의위원회) ① 간호사등의 양성 및 처우 개선에 관한 다음 각 호의 사항을 심의하기 위하여 보건복지부장관 소속으로 간호정책심의위원회(이하 이 조에서 "위원회"라 한다)를 둔다.

1. 종합계획 및 시행계획의 수립에 관한 사항
2. 간호사등의 수급, 양성 및 적정 배치에 관한 사항
3. 간호사등의 근무환경 및 처우 개선을 위하여 필요한 시책에 관한 사항
4. 간호사등의 장기근속 유도 및 숙련인력 확보에 필요한 시책에 관한 사항
5. 의료기관 등에서 교대근무 및 야간근무를 하는 간호사등의 건강권 보호, 적정 보상 및 지원에 관한 사항
6. 우수 간호사 양성을 위한 대학 및 의료기관의 교육 여건 지원에 관한 사항
7. 지역의료 강화 및 필수의료 분야에 필요한 간호사의 양성, 확보 및 지원에 관한 사항
8. 간호사등에 대한 지역별 수요를 고려한 적정수급에 관한 사항
9. 그 밖에 위원장이 심의에 부치는 사항

② 위원회의 위원장은 보건복지부차관이 되고, 위원장을 포함한 15명 내외의 위원으로 구성한다.

③ 위원회의 구성 및 운영에 관한 사항은 보건복지부령으로 정한다.

제7장 보칙

제39조(면허 또는 자격의 취소와 재교부) ① 보건복지부장관은 간호사등이 다음 각 호의 어느 하나에 해당할 경우에는 그 면허 또는 자격을 취소할 수 있다. 다만, 제1호·제8호의 경우에는 면허 또는 자격을 취소하여야 한다.

1. 제7조 각 호의 어느 하나에 해당하게 된 경우. 다만, 의료행위 중 「형법」 제268조의 죄를 범하여 제7조제4호부터 제6호까지의 어느 하나에 해당하게 된 경우에는 그러하지 아니하다.
2. 「의료법」 제66조에 따른 자격정지 처분 기간 중에 의료행위를 하거나 3회 이상 자격정지 처분을 받은 경우
3. 제2항에 따라 면허 또는 자격을 재교부받은 사람이 「의료법」 제66조제1항 각 호의 어느 하나에 해당하는 경우
4. 제10조제2항에 따른 면허 조건을 이행하지 아니한 경우
5. 제11조제1항을 위반하여 면허를 대여한 경우
6. 「의료법」 제4조제6항을 위반하여 사람의 생명 또는 신체에 중대한 위해를 발생하게 한 경우
7. 「의료법」 제27조제5항을 위반하여 사람의 생명 또는 신체에 중대한 위해를 발생하게 할 우려가 있는 수술, 수혈, 전신마취를 의료인 아닌 자에게 하게 하거나 의료인에게 면허 사항 외로 하게 한

경우

8. 거짓이나 그 밖의 부정한 방법으로 제4조에 따른 면허 또는 제6조에 따른 자격의 발급 요건을 취득하거나 국가시험에 합격한 경우

② 보건복지부장관은 제1항에 따라 면허 또는 자격이 취소된 자라도 취소의 원인이 된 사유가 없어지거나 개전(改悛)의 정이 뚜렷하다고 인정되고 대통령령으로 정하는 교육프로그램을 이수한 경우에는 면허 또는 자격을 재교부할 수 있다. 다만, 제1항제4호에 따라 면허가 취소된 경우에는 취소된 날부터 1년 이내, 제1항제2호·제3호에 따라 면허 또는 자격이 취소된 경우에는 취소된 날부터 2년 이내, 제1항제5호부터 제7호까지 또는 제7조제4호부터 제6호까지에 따른 사유로 면허 또는 자격이 취소된 경우에는 취소된 날부터 3년 이내, 제7조제4호에 따른 사유로 면허 또는 자격이 취소된 사람이 다시 제7조제4호에 따른 사유로 면허 또는 자격이 취소된 경우에는 취소된 날부터 10년 이내에는 재교부하지 못하고, 제1항제8호에 따라 면허 또는 자격이 취소된 경우에는 재교부할 수 없다.

③ 제1항에 따른 면허 또는 자격 취소의 세부적인 기준은 보건복지부령으로 정한다.

제40조(면허 또는 자격의 효력정지) 보건복지부장관은 간호사등이 제17조제1항 또는 같은 조 제4항에 따른 신고를 하지 아니한 때에는 신고할 때까지 면허 또는 자격의 효력을 정지할 수 있다.

제41조(청문) 보건복지부장관은 간호사등에게 제39조제1항에 따른 면허 또는 자격의 취소를 하려면 청문을 실시하여야 한다.

제42조(시정명령) ① 보건복지부장관 또는 시장·군수·구청장은 의료기관이 제32조제1항·제4항을 위반한 때에는 일정한 기간을 정하여 위반한 사항을 시정하도록 명할 수 있다. 이 때 시정명령은 「의료법」 제63조제1항의 시정명령과 같은 것으로 본다.

② 제1항에 따른 시정명령의 세부적인 기준은 보건복지부령으로 정한다.

제43조(경비 보조 등) 보건복지부장관 또는 시·도지사는 국민보건 향상을 위하여 필요하다고 인정될 때에는 간호사등·간호사중앙회·간호조무사협회 또는 관련 단체에 대하여 시설, 운영 경비, 조사·연구 비용의 전부 또는 일부를 보조할 수 있다.

제44조(수수료) ① 이 법에 따른 간호사등의 면허 또는 자격인정을 받거나 면허증 또는 자격증을 재교부받으려는 사람 및 국가시험에 응시하려는 사람은 보건복지부령으로 정하는 바에 따라 수수료를 내야 한다.

② 제8조제2항에 따라 국가시험의 관리를 위탁받은 한국보건의료인국가시험원은 제1항에 따라 납부받은 국가시험의 응시수수료를 보건복지부장관의 승인을 받아 시험 관리에 필요한 경비에 직접 충당할 수 있다.

제45조(권한 등의 위임·위탁) ① 이 법에 따른 보건복지부장관 또는 시·도지사의 권한은 그 일부를 대통령령으로 정하는 바에 따라 질병관리청장, 시·도지사 또는 시장·군수·구청장이나 보건소장에게 위임할 수 있다.

② 보건복지부장관은 이 법에 따른 업무의 일부를 대통령령으로

정하는 바에 따라 관계 전문기관에 위탁할 수 있다.

제8장 벌칙

제46조(벌칙) ① 다음 각 호의 어느 하나에 해당하는 사람은 5년 이하의 징역이나 5천만원 이하의 벌금에 처한다.

1. 제11조제1항을 위반하여 면허 또는 자격을 대여한 사람
2. 제11조제2항을 위반하여 면허 또는 자격을 대여받거나 면허 또는 자격의 대여를 알선한 사람

② 제42조제1항에 따른 시정명령을 위반한 자는 500만원 이하의 벌금에 처한다.

제47조(양벌규정) 법인의 대표자나 법인 또는 개인의 대리인, 사용인, 그 밖의 종업원이 그 법인 또는 개인의 업무에 관하여 제46조의 위반행위를 하면 그 행위자를 벌하는 외에 그 법인 또는 개인에게도 해당 조문의 벌금형을 과(科)한다. 다만, 법인 또는 개인이 그 위반행위를 방지하기 위하여 해당 업무에 관하여 상당한 주의와 감독을 게을리하지 아니한 경우에는 그러하지 아니하다.

부칙 〈제20445호, 2024. 9. 20.〉

제1조(시행일) 이 법은 공포 후 9개월이 경과한 날부터 시행한다. 다만, 제14조제2항에 따른 교육과정 운영기관의 지정 및 평가는 공포 후 9개월이 경과한 날부터 3년 내에 시행하되, 그 기간 내에 보건복지부령으로 정하는 시점부터 시행하고, 부칙 제9조제8항은 2026년 3월 27일부터 시행한다.

제2조(간호사등의 면허 등에 관한 경과조치) 이 법 시행 당시 종전의 「의료법」에 따라 간호사 면허를 받은 사람과 전문간호사 또는 간호조무사의 자격인정을 받은 사람은 이 법에 따라 면허 또는 자격인정을 받은 것으로 본다.

제3조(간호사등의 국가시험 응시자격에 관한 경과조치) 이 법 시행 당시 종전의 「의료법」에 따라 간호사 또는 간호조무사 국가시험 응시자격을 인정받은 사람은 이 법에 따른 응시자격을 갖춘 것으로 본다.

제4조(간호사중앙회 설립에 관한 경과조치) 이 법 시행 당시 종전의 「의료법」 제28조제1항에 따라 설립된 간호사회는 이 법 제18조에 따른 간호사중앙회로 본다.

제5조(사단법인 대한간호조무사협회에 관한 경과조치) ① 이 법 공포일부터 시행일 전까지 사단법인 대한간호조무사협회(이하 "구법인"이라 한다)는 이사회의 의결을 거쳐 모든 재산과 권리·의무를 이 법에 따른 간호조무사협회가 승계하도록 보건복지부장관에게 승인을 신청할 수 있다.

② 제1항에 따라 보건복지부장관의 승인을 받은 구법인은 이 법에 따른 간호조무사협회의 설립과 동시에 「민법」 중 법인의 해산 및 청산에 관한 규정에도 불구하고 해산된 것으로 보며, 구법인에 속하였던 모든 재산과 권리·의무는 간호조무사협회가 포괄 승계한다.

③ 구법인의 임원 및 직원은 간호조무사협회의 임원 및 직원이 된다.

④ 제2항에 따라 간호조무사협회에 승계될 재산의 가액은 간호조

무사협회 설립등기일 전일의 장부 가액으로 한다.

⑤ 이 법 시행 당시 시·도에 설치된 구법인의 시·도회는 간호조무사협회의 시·도 지부로 본다.

제6조(간호인력 지원센터에 관한 경과조치) 이 법 시행 당시 종전의 「의료법」 제60조의3에 따라 설치·운영 중인 간호인력 취업교육센터는 이 법 제31조에 따른 간호인력 지원센터로 본다.

제7조(처분 등에 관한 경과조치) 이 법 시행 당시 종전의 행정기관의 행위나 행정기관에 대한 행위는 이 법에 그에 해당하는 규정이 있으면 이 법에 따른 행정기관의 행위나 행정기관에 대한 행위로 본다.

제8조(종합계획 수립 경과조치) 이 법 시행 당시 종전에 수립한 간호정책 관련 종합대책이 있는 경우 이를 제34조에 따른 간호종합계획으로 본다.

제9조(다른 법률의 개정) ① 감염병의 예방 및 관리에 관한 법률 일부를 다음과 같이 개정한다.

제4조제4항 중 "의료기관 및 의료인단체"를 "의료기관 및 의료인단체(「간호법」 제18조에 따른 간호사중앙회를 포함한다)"로 한다.

② 공중보건장학을 위한 특례법 일부를 다음과 같이 개정한다.

제6조제1항 본문 중 "「의료법」 제11조제1항"을 "「의료법」 제11조제1항 또는 「간호법」 제10조제2항"으로 한다.

제7조제2항제5호 중 "「의료법」 제8조"를 "「의료법」 제8조 또는 「간호법」 제7조"로 한다.

제8조제1항 후단 중 "「의료법」 제9조에 따른 의사·치과의사 또

는 간호사의 국가시험"을 "「의료법」 제9조에 따른 의사·치과의사의 국가시험 또는 「간호법」 제8조에 따른 간호사의 국가시험"으로 한다.

③ 보건의료기본법 일부를 다음과 같이 개정한다.

제21조제3항제3호 중 "「의료법」 제28조에 따른 의료인 단체, 같은 법 제52조"를 "「의료법」 제28조에 따른 의료인 단체(「간호법」 제18조에 따른 간호사중앙회를 포함한다), 「의료법」 제52조"로 한다.

④ 보건의료인력지원법 일부를 다음과 같이 개정한다.

제2조제3호가목을 다음과 같이 한다.

가. 「의료법」에 따른 의사, 치과의사, 한의사 및 조산사와 「간호법」에 따른 간호사 및 간호조무사

제8조제5항제2호 중 "「의료법」 제28조에 따른 의료인 단체, 같은 법 제52조"를 "「의료법」 제28조에 따른 의료인 단체(「간호법」 제18조에 따른 간호사중앙회를 포함한다), 「의료법」 제52조"로 한다.

⑤ 새만금사업 추진 및 지원에 관한 특별법 일부를 다음과 같이 개정한다.

제62조제6항 후단 중 "「의료법」 제2조"를 "「의료법」 제2조, 「간호법」 제12조"로 한다.

⑥ 아동·청소년의 성보호에 관한 법률 일부를 다음과 같이 개정한다.

제56조제1항제12호 중 "같은 법 제2조의 의료인, 같은 법 제80조의 간호조무사"를 "같은 법 제2조의 의사·치과의사·한의사·조

산사, 「간호법」 제2조의 간호사 · 간호조무사”로 한다.

⑦ 응급의료에 관한 법률 일부를 다음과 같이 개정한다.

제12조제1항 중 “「의료법」 제80조에 따른 간호조무사”를 “「간호법」 제6조에 따른 간호조무사”로 한다.

제60조제1항 중 “「의료법」 제80조에 따른 간호조무사”를 “「간호법」 제6조에 따른 간호조무사”로 한다.

⑧ 법률 제20415호 의료 · 요양 등 지역 돌봄의 통합지원에 관한 법률 일부를 다음과 같이 개정한다.

제15조제2호 중 “「의료법」 제2조제2항제5호에 따른 간호사”를 “「간호법」 제12조에 따른 간호사”로 한다.

⑨ 의료법 일부를 다음과 같이 개정한다.

제2조제1항 중 “간호사”를 “「간호법」에 따른 간호사(이하 "간호사"라 한다)”로 하고, 같은 조 제2항제5호 각 목 외의 부분 중 “다음 각 목의 업무를”을 “「간호법」 제12조의 업무를”로 하며, 같은 호 각 목을 삭제한다.

제4조제5항 본문 중 “제80조에 따른 간호조무사”를 “「간호법」 제2조제3호에 따른 간호조무사(이하 "간호조무사"라 한다)”로 한다.

제4조의2제1항 중 “제80조에 따른 간호조무사”를 “간호조무사”로 한다.

제4조의3제1항 중 “제7조(간호사를 말한다)”를 “「간호법」 제4조(간호사를 말한다)”로 하고, 같은 조 제2항 중 “제5조부터 제7조까지에 따라”를 “제5조, 제6조 및 「간호법」 제4조에 따라”로 한다.

제7조를 삭제한다.

제8조 각 호 외의 부분에 단서를 다음과 같이 신설한다.

다만, 간호사에 대하여는 「간호법」에서 정하는 바에 따른다.

제9조제1항 중 "의사 · 치과의사 · 한의사 · 조산사 또는 간호사 국가시험"을 "의사 · 치과의사 · 한의사 또는 조산사 국가시험"으로 한다.

제11조제1항 중 "제5조에서 제7조까지의 규정"을 "제5조 및 제6조"로 하고, 같은 조 제2항 중 "제5조부터 제7조까지의 규정"을 "제5조 및 제6조"로 하며, 같은 조 제3항 중 "의료인의 종별로"를 "의사 · 치과의사 · 한의사 · 조산사를 구분하여"로 한다.

제12조제3항 중 "제80조에 따른 간호조무사"를 "간호조무사"로 한다.

제25조제1항 중 "의료인은"을 "의사 · 치과의사 · 한의사 및 조산사는"으로 하고, 같은 조 제2항 중 "의료인에"를 "의사 · 치과의사 · 한의사 및 조산사에"로 한다.

제28조제1항 중 "의사 · 치과의사 · 한의사 · 조산사 및 간호사"를 "의사 · 치과의사 · 한의사 및 조산사"로, "의사회 · 치과의사회 · 한의사회 · 조산사회 및 간호사회"를 "의사회 · 치과의사회 · 한의사회 및 조산사회"로 하고, 같은 조 제3항 중 "의료인은"을 "의사 · 치과의사 · 한의사 및 조산사는"으로 한다.

제30조제3항 중 "의료인은"을 "의사 · 치과의사 · 한의사 및 조산사는"으로 한다.

제33조의2제2항 중 "간호사회"를 "「간호법」 제18조에 따른 간호사중앙회"로 한다.

제41조의2를 삭제한다.

제60조의3을 삭제한다.

제63조제1항 중 “제41조, 제41조의2제1항 · 제4항, 제42조, 제43조”를 “제41조부터 제43조까지”로 한다.

제65조제1항제8호 중 “제5조부터 제7조까지에 따른”을 “제5조 및 제6조에 따른”으로 한다.

제66조의2 중 “의료인이”를 “의사 · 치과의사 · 한의사 또는 조산사가”로 한다.

제78조 · 제80조 및 제80조의2를 각각 삭제한다.

제80조의3을 다음과 같이 한다.

제80조의3(준용규정) 간호조무사에 대하여는 제12조, 제16조, 제19조, 제20조, 제22조, 제23조, 제59조제1항, 제61조, 제66조, 제68조, 제84조, 제87조, 제87조의2, 제88조, 제88조의2 및 제91조를 준용하며, 이 경우 “면허”는 “자격”으로, “면허증”은 “자격증”으로 본다.

⑩ 의료사고 피해구제 및 의료분쟁 조정 등에 관한 법률 일부를 다음과 같이 개정한다.

제2조제3호 중 “「의료법」에 따른 의료인 · 간호조무사”를 “「의료법」에 따른 의료인, 「간호법」 제6조에 따른 간호조무사”로 하고, 같은 조 제6호 중 “의료인 단체”를 “의료인 단체(「간호법」 제18조에 따른 간호사중앙회를 포함한다)”로 한다.

⑪ 장애인복지법 일부를 다음과 같이 개정한다.

제59조의3제1항제6호 중 “같은 법 제2조의 의료인, 같은 법 제

80조의 간호조무사"를 "같은 법 제2조의 의사 · 치과의사 · 한의사 · 조산사, 「간호법」 제2조의 간호사 · 간호조무사"로 한다.

⑫ 제주특별자치도 설치 및 국제자유도시 조성을 위한 특별법 일부를 다음과 같이 개정한다.

제310조제2항 중 "「의료법」 제2조"를 "「의료법」 제2조, 「간호법」 제12조"로 한다.

⑬ 지역보건법 일부를 다음과 같이 개정한다.

제15조제2항 단서 중 "「의료법」 제2조제2항에 따른 치과의사 · 한의사 · 간호사 · 조산사"를 "「의료법」 제2조제2항에 따른 치과의사 · 한의사 · 조산사, 「간호법」 제12조에 따른 간호사"로 한다.

⑭ 환자안전법 일부를 다음과 같이 개정한다.

제8조제3항제1호 중 "「의료법」 제28조에 따른 의사회 · 치과의사회 · 한의사회 · 조산사회 · 간호사회 및 같은 법 제52조"를 "「의료법」 제28조에 따른 의료인 단체(「간호법」 제18조에 따른 간호사중앙회를 포함한다) 및 「의료법」 제52조"로 한다.

제10조(다른 법령과의 관계) 이 법 시행 당시 다른 법령에서 종전의 「의료법」 또는 그 규정을 인용한 경우 이 법 가운데 그에 해당하는 규정이 있으면 종전의 「의료법」 또는 그 규정을 갈음하여 이 법 또는 이 법의 해당 규정을 인용한 것으로 본다.

간호법 시행령

[시행 2025. 6. 21.] [대통령령 제35597호, 2025. 6. 20., 제정]

제1조(목적)
제2조(간호조무사 교육훈련기관 평가업무의 위탁)
제3조(간호조무사 교육훈련기관 지정 취소사유)
제4조(국가시험의 범위 등)
제5조(국가시험의 시행 및 공고 등)
제6조(시험위원)
제7조(국가시험의 응시 및 합격자 발표)
제8조(관계 기관 등에의 협조 요청)
제9조(국가시험 응시제한)
제10조(면허 조건)
제11조(간호사의 보건활동)
제12조(간호사의 실태 및 취업상황 등의 신고)
제13조(간호사중앙회의 지부)
제14조(간호사중앙회 윤리위원회의 구성)
제15조(윤리위원회의 운영 등)
제16조(윤리위원회 위원의 제척 등)
제17조(간호사중앙회의 설립 허가 신청)
제18조(간호사중앙회 정관의 기재사항 등)
제19조(간호사중앙회 정관 변경의 허가 신청)
제20조(간호조무사협회의 설립 등)
제21조(자격정지 처분 요구)
제22조(간호인력 지원센터 운영의 위탁)
제23조(간호정책 시행계획의 수립 · 시행 등)
제24조(면허재교부 교육프로그램)
제25조(업무의 위탁)
제26조(민감정보 및 고유식별정보의 처리)

**개정 예정 법률 밑줄 별도 표시.

간호법 시행령

[시행 2025. 6. 21.] [대통령령 제35597호, 2025. 6. 20., 제정]

제1조(목적) 이 영은 「간호법」에서 위임된 사항과 그 시행에 필요한 사항을 규정함을 목적으로 한다.

제2조(간호조무사 교육훈련기관 평가업무의 위탁) ① 보건복지부장관은 「간호법」(이하 "법"이라 한다) 제6조제2항 후단에 따라 간호조무사 교육훈련기관의 지정을 위한 평가업무를 다음 각 호의 어느 하나에 해당하는 기관 또는 단체에 위탁할 수 있다.

1. 「공공기관의 운영에 관한 법률」 제4조에 따른 공공기관 중 그 설립 목적이 보건의료 또는 인력개발과 관련되는 공공기관

2. 그 밖에 위탁업무 수행에 필요한 조직·인력 및 전문성 등을 고려하여 보건복지부장관이 고시하는 기관 또는 단체

② 제1항에 따라 업무를 위탁하는 경우에 위탁 기준, 절차 및 방식 등에 필요한 사항은 보건복지부장관이 정하여 고시한다.

제3조(간호조무사 교육훈련기관 지정 취소사유) 법 제6조제3항에서 "거짓이나 그 밖의 부정한 방법으로 지정받는 등 대통령령으로 정하는 사유"란 다음 각 호의 어느 하나에 해당하는 사유를 말한다.

1. 거짓이나 그 밖의 부정한 방법으로 지정받은 경우

2. 법 제6조제4항에 따른 간호조무사 교육훈련기관의 지정·평가

등에 필요한 사항 중 해당 교육훈련기관의 지정기준에 미달하는 경우

3. 정당한 사유 없이 교육훈련 업무를 거부하거나 3개월 이상 교육훈련을 실시하지 않은 경우

4. 거짓이나 그 밖의 부정한 방법으로 교육훈련기관의 졸업증명서 또는 이수증명서를 발급한 경우

5. 법 제6조제1항 각 호 외의 부분에 따른 교육과정 및 그 내용이 법령에 위반되거나 간호조무사 교육훈련기관의 지정 목적을 달성하기 어렵다고 인정되는 경우

제4조(국가시험의 범위 등) ① 법 제8조제1항에 따른 간호사 국가시험은 간호학 및 보건의약 관계 법규에 관하여 간호사로서 갖추어야 할 지식과 기능에 관하여 실시한다.

② 법 제8조제1항에 따른 간호조무사 국가시험은 간호학, 보건학개론 및 보건의료 관계 법규에 관하여 간호조무사로서 갖추어야 할 지식과 기능에 관하여 실시한다.

③ 제1항 및 제2항에 따른 간호사 및 간호조무사 국가시험(이하 "국가시험"이라 한다)의 시험과목, 시험방법, 합격자 결정방법, 그 밖에 시험에 관하여 필요한 사항은 보건복지부령으로 정한다.

제5조(국가시험의 시행 및 공고 등) ① 보건복지부장관은 다음 각 호의 구분에 따라 국가시험을 시행해야 한다.

1. 간호사 국가시험: 매년 1회 이상

2. 간호조무사 국가시험: 매년 2회 이상

② 보건복지부장관은 법 제8조제2항에 따라 국가시험의 관리에 관한 업무를 「한국보건의료인국가시험원법」에 따른 한국보건의료인

국가시험원(이하 “국가시험관리기관”이라 한다)에 위탁한다.

③ 국가시험관리기관의 장은 국가시험을 실시하려면 미리 보건복지부장관의 승인을 받아 시험 일시, 시험 장소, 시험과목, 응시원서 제출기간, 그 밖에 시험의 실시에 관하여 필요한 사항을 시험 실시 90일 전까지 공고해야 한다. 다만, 시험 장소는 지역별 응시인원이 확정된 후 시험 실시 30일 전까지 공고할 수 있다.

④ 제3항에도 불구하고 국가시험관리기관의 장은 보건복지부장관이 국민의 건강 보호를 위하여 긴급하게 의료인력 충원이 필요하다고 인정하는 경우에는 제3항에 따른 공고기간을 단축할 수 있다.

제6조(시험위원) 국가시험관리기관의 장은 국가시험을 실시할 때마다 시험과목별로 전문지식을 갖춘 사람 중에서 시험위원을 위촉한다.

제7조(국가시험의 응시 및 합격자 발표) ① 국가시험에 응시하려는 사람은 국가시험관리기관의 장이 정하는 응시원서를 국가시험관리기관의 장에게 제출해야 한다.

② 국가시험관리기관의 장은 국가시험의 합격자를 결정하여 발표한다.

제8조(관계 기관 등에의 협조 요청) 국가시험관리기관의 장은 국가시험의 관리 업무를 원활하게 수행하기 위하여 필요한 경우에는 국가, 지방자치단체 또는 관계 기관·단체에 시험 장소 및 시험 감독의 지원 등 필요한 협조를 요청할 수 있다.

제9조(국가시험 응시제한) 법 제9조제3항에 따른 국가시험의 응시제한 기준은 별표와 같다.

제10조(면허 조건) ① 법 제10조제2항에 따른 특정 지역은 보건복

지부장관이 정하는 보건의료 취약지로 하고, 특정 업무는 국공립 보건의료기관의 업무로 한다.

② 법 제10조제2항에 따라 특정 지역이나 특정 업무에 종사하는 간호사에게는 예산의 범위에서 수당을 지급한다.

제11조(간호사의 보건활동) 법 제12조제1항제3호에서 "대통령령으로 정하는 보건활동"이란 다음 각 호의 보건활동을 말한다.

1. 「농어촌 등 보건의료를 위한 특별조치법」 제19조에 따라 보건진료 전담공무원으로서 하는 보건활동

2. 「모자보건법」 제10조제1항에 따른 모자보건전문가로서 행하는 모자보건 활동

3. 「결핵예방법」 제18조에 따른 보건활동

4. 그 밖의 법령에 따라 간호사의 보건활동으로 정한 업무

제12조(간호사의 실태 및 취업상황 등의 신고) ① 간호사는 법 제17조제1항에 따라 그 실태와 취업상황 등을 법 제10조제1항에 따라 면허증을 발급받은 날(법 제39조제2항에 따라 면허증을 재교부받은 경우에는 재교부를 받은 날을 말한다)부터 매 3년이 되는 해의 12월 31일까지 보건복지부장관에게 신고해야 한다. 다만, 법률 제10609호 의료법 일부개정법률 부칙 제2조제1항에 따라 신고를 한 경우에는 그 신고한 날부터 매 3년이 되는 해의 12월 31일까지 신고해야 한다.

② 보건복지부장관은 법 제17조제3항에 따라 제1항에 따른 신고 수리 업무를 법 제18조제1항에 따른 간호사중앙회(이하 "간호사중앙회"라 한다)에 위탁한다.

③ 제1항에 따른 신고의 방법 및 절차 등에 관하여 필요한 사항은 보건복지부령으로 정한다.

제13조(간호사중앙회의 지부) 간호사중앙회는 법 제18조제4항 본문에 따라 그 설립등기를 끝낸 날부터 3주일 이내에 특별시·광역시·특별자치시·도 및 특별자치도에 각각 지부를 설치해야 한다. 다만, 외국에 지부를 두는 경우에는 외국 지부의 설치에 관한 정관 변경 허가를 받은 날부터 10주일 이내에 설치해야 한다.

제14조(간호사중앙회 윤리위원회의 구성) ① 법 제18조제6항에 따른 윤리위원회(이하 이 조부터 제16조까지 및 제18조에서 "윤리위원회"라 한다)는 위원장 1명을 포함하여 11명의 위원으로 구성한다.

② 윤리위원회의 위원장(이하 이 조 및 제15조에서 "위원장"이라 한다)은 위원 중에서 간호사중앙회의 장이 위촉한다.

③ 윤리위원회의 위원은 다음 각 호의 사람 중에서 간호사중앙회의 장이 성별을 고려하여 위촉하되, 제2호에 해당하는 사람이 4명 이상 포함되어야 한다.

1. 간호사중앙회 소속 회원으로서 간호사 경력이 10년 이상인 사람

2. 간호사가 아닌 사람으로서 법률, 보건, 언론, 소비자 권익 등에 관하여 경험과 학식이 풍부한 사람

④ 위원의 임기는 3년으로 하며, 한 번만 연임할 수 있다.

제15조(윤리위원회의 운영 등) ① 윤리위원회는 다음 각 호의 사항을 심의·의결한다.

1. 법 제21조에 따른 자격정지 처분 요구에 관한 사항

2. 간호사중앙회 소속 회원에 대한 자격심사 및 징계에 관한 사항

3. 그 밖에 회원의 윤리 확립을 위하여 필요한 사항으로서 간호사중앙회의 정관으로 정하는 사항

② 윤리위원회의 회의는 다음 각 호의 경우에 위원장이 소집한다. 이 경우 위원장은 회의 개최 7일 전까지 회의의 일시, 장소 및 안건을 각 위원에게 통보해야 한다.

1. 위원장이 필요하다고 인정하는 경우
2. 간호사중앙회의 장이 요청하는 경우
3. 재적위원 3분의 1 이상이 요청하는 경우

③ 윤리위원회의 회의는 재적위원 3분의 2 이상의 출석으로 개의(開議)하고, 출석위원 3분의 2 이상의 찬성으로 의결한다. 다만, 제1항제2호 및 제3호의 사항에 관한 정족수는 간호사중앙회의 정관으로 달리 정할 수 있다.

④ 위원장은 제1항제1호 및 제2호의 사항에 관하여 심의·의결하려는 경우에는 해당 안건의 당사자에게 문서 또는 말로 의견을 진술할 기회를 주어야 한다. 이 경우 당사자가 말로 의견을 진술했을 때에는 진술자와 그 의견의 요지를 기록해 두어야 한다.

⑤ 윤리위원회는 소관 심의·의결 사항을 전문적으로 검토하기 위하여 필요한 경우에는 보건복지부장관이 정하는 기준에 따라 분야별 전문자문단을 구성·운영할 수 있다.

⑥ 제1항부터 제5항까지에서 규정한 사항 외에 윤리위원회 또는 제5항에 따른 분야별 전문자문단의 운영에 필요한 사항은 간호사중앙회의 정관으로 정한다.

제16조(윤리위원회 위원의 제척 등) ① 윤리위원회의 위원이 다음 각 호의 어느 하나에 해당하는 경우에는 위원회의 심의·의결에서 제척(除斥)된다.

1. 위원 또는 그 배우자나 배우자였던 사람이 해당 안건의 당사자이거나 그 안건의 당사자와 공동권리자 또는 공동의무자인 경우

2. 위원이 해당 안건의 당사자와 친족이거나 친족이었던 경우

3. 위원이 해당 안건의 당사자가 최근 3년 이내에 소속되어 있었던 기관에 종사하거나 종사했던 경우

② 해당 안건의 당사자는 위원에게 제1항 각 호의 제척사유가 있거나 공정한 심의·의결을 기대하기 어려운 사정이 있는 경우에는 그 사유를 서면으로 밝혀 윤리위원회에 기피신청을 할 수 있다.

③ 윤리위원회는 제2항에 따른 기피신청을 받은 경우 재적위원 과반수의 출석과 출석위원 과반수의 찬성으로 기피 여부를 의결한다. 이 경우 기피신청의 대상인 위원은 그 의결에 참여할 수 없다.

④ 윤리위원회의 위원은 제1항 각 호의 제척사유에 해당하거나 본인에게 심의의 공정성을 기대하기 어려운 사정이 있다고 판단되는 경우에는 스스로 해당 안건의 심의·의결에서 회피(回避)해야 한다.

제17조(간호사중앙회의 설립 허가 신청) 법 제19조제1항에 따라 간호사중앙회 설립 허가를 받으려면 다음 각 호의 서류를 갖추어 보건복지부장관에게 제출해야 한다.

1. 정관

2. 사업계획서

3. 자산명세서

4. 설립결의서

5. 설립대표자의 선출 경위에 관한 서류

6. 임원의 취임승낙서와 이력서

제18조(간호사중앙회 정관의 기재사항 등) 법 제19조제2항에 따라 간호사중앙회의 정관에 적어야 할 사항은 다음 각 호와 같다.

1. 목적

2. 명칭

3. 중앙회 · 지부 · 분회의 소재지

4. 재산 또는 회계와 그 밖에 관리 · 운영에 관한 사항

5. 임원의 선임(選任)에 관한 사항

6. 회원의 자격 및 징계에 관한 사항

7. 정관 변경에 관한 사항

8. 공고 방법에 관한 사항

9. 윤리위원회의 운영 등에 관한 사항

제19조(간호사중앙회 정관 변경의 허가 신청) 법 제19조제3항에 따라 간호사중앙회가 정관 변경의 허가를 받으려면 다음 각 호의 서류를 갖추어 보건복지부장관에게 제출해야 한다.

1. 정관 변경의 내용과 그 이유를 적은 서류

2. 정관 변경에 관한 회의록

3. 정관 신구 대조표와 그 밖의 참고서류

제20조(간호조무사협회의 설립 등) ① 법 제20조제1항에 따른 간호조무사협회(이하 "간호조무사협회"라 한다)를 설립하려는 자는 정관, 사업계획서 등 보건복지부령으로 정하는 서류를 갖추어 보건복지부

장관의 허가를 받아야 한다.

② 법 제20조제5항에 따라 간호조무사협회에 두는 윤리위원회의 구성·운영 등에 관하여는 제14조부터 제16조까지를 준용한다. 이 경우 "간호사중앙회"는 각각 "간호조무사협회"로, "간호사"는 각각 "간호조무사"로 본다.

제21조(자격정지 처분 요구) 간호사중앙회 및 간호조무사협회의 장은 법 제21조에 따라 간호사 및 간호조무사에 대한 자격정지 처분을 요구할 때에는 해당 윤리위원회 회의의 개최 일시 및 장소와 자격정지 처분 요구의 이유 및 근거 등을 적은 서류를 보건복지부장관에게 제출해야 한다.

제22조(간호인력 지원센터 운영의 위탁) ① 보건복지부장관은 법 제31조제2항에 따라 같은 조 제1항에 따른 간호인력 지원센터(이하 "간호인력 지원센터"라 한다)의 운영을 다음 각 호의 어느 하나에 해당하는 기관 또는 단체에 위탁할 수 있다.

1. 간호사중앙회 또는 그 지부
2. 「공공기관의 운영에 관한 법률」 제4조에 따른 공공기관 중 그 설립 목적이 보건의료와 관련되는 공공기관
3. 그 밖에 위탁 업무 수행에 필요한 조직·인력 및 전문성 등을 고려하여 보건복지부장관이 고시하는 기관 또는 단체

② 제1항에 따라 업무를 위탁하는 경우에 위탁 기준, 절차 및 방식 등에 필요한 사항은 보건복지부장관이 정하여 고시한다.

제23조(간호정책 시행계획의 수립·시행 등) ① 보건복지부장관은 법 제35조제1항에 따른 간호정책 시행계획(이하 "시행계획"이라 한

다)의 수립지침을 마련하여 매년 10월 31일까지 관계 중앙행정기관의 장 및 특별시장·광역시장·특별자치시장·도지사·특별자치도지사(이하 "시·도지사"라 한다)에게 통보해야 한다.

② 관계 중앙행정기관의 장 및 시·도지사는 제1항의 수립지침에 따라 다음 연도의 시행계획을 수립하여 매년 12월 31일까지 보건복지부장관에게 제출해야 한다.

③ 관계 중앙행정기관의 장 및 시·도지사는 법 제35조제2항에 따라 매년 3월 31일까지 전년도의 시행계획에 따른 추진실적을 보건복지부장관에게 제출해야 한다.

④ 보건복지부장관은 제3항에 따라 제출받은 추진실적을 평가하고, 그 결과를 매년 9월 30일까지 관계 중앙행정기관의 장 및 시·도지사에게 통보해야 한다.

⑤ 관계 중앙행정기관의 장 및 시·도지사는 정당한 사유가 없으면 제4항에 따라 통보받은 평가결과를 다음 연도의 시행계획에 반영해야 한다.

제24조(면허재교부 교육프로그램) ① 법 제39조제2항 본문에 따른 교육프로그램(이하 이 조에서 "교육프로그램"이라 한다)의 교육내용 및 교육시간은 다음 각 호의 구분에 따른다.

1. 교육내용

가. 환자 권리의 이해

나. 의료인 및 의료분야 종사자의 역할과 윤리

다. 의료 및 간호 관련 법령의 이해

라. 그 밖에 보건·의료 질서의 유지를 위하여 필요한 내용으로

서 보건복지부장관이 고시하는 내용

2. 교육시간: 40시간 이상

② 교육프로그램은 다음 각 호의 어느 하나에 해당하는 기관 또는 단체 중 보건복지부장관이 지정하여 고시하는 기관 또는 단체(이하 이 조에서 "교육프로그램 실시기관"이라 한다)가 실시한다.

1. 「한국보건복지인재원법」 제2조에 따른 한국보건복지인재원

2. 간호사중앙회 또는 간호조무사협회

3. 그 밖에 보건윤리 또는 의료윤리와 관련된 교육기관으로서 보건복지부장관이 지정하여 고시하는 기관 또는 단체

③ 교육프로그램의 실시에 드는 비용은 교육프로그램을 이수하는 사람이 부담한다.

④ 교육프로그램 실시기관의 장은 교육프로그램을 이수한 사람에게 이수증을 발급하고, 교육프로그램 종료일부터 1개월 이내에 교육프로그램의 실시 결과를 보건복지부장관에게 제출해야 한다.

⑤ 교육프로그램 실시기관의 장은 교육프로그램을 실시하기 전에 교육프로그램의 내용 및 비용 등에 관한 세부 사항을 정하여 보건복지부장관의 승인을 받아야 한다. 승인받은 사항을 변경하려는 경우에도 또한 같다.

제25조(업무의 위탁) ① 보건복지부장관은 법 제45조제2항에 따라 다음 각 호의 업무를 제2항에 따른 기관 또는 단체에 위탁할 수 있다.

1. 법 제6조제2항 전단에 따른 간호조무사 교육훈련기관의 지정을 위한 신청 접수 및 지정서(보건복지부장관 명의의 지정서를 말한다) 발급 업무

2. 법 제16조제2항에 따른 간호조무사 보수교육에 관한 업무

3. 법 제17조제4항에 따른 간호조무사 실태 및 취업상황 등에 관한 신고의 접수 업무

② 보건복지부장관이 법 제45조제2항에 따라 그 업무의 일부를 위탁할 수 있는 관계 전문기관은 다음 각 호의 기관 또는 단체로 한다.

1. 간호조무사협회

2. 「공공기관의 운영에 관한 법률」 제4조에 따른 공공기관 중 그 설립 목적이 보건의료 또는 인력개발과 관련되는 공공기관

3. 그 밖에 위탁 업무 수행에 필요한 조직·인력 및 전문성 등을 고려하여 보건복지부장관이 고시하는 기관 또는 단체(법 제16조제2항에 따른 간호조무사 보수교육에 관한 업무로 한정한다)

③ 보건복지부장관은 법 제45조제2항에 따라 법 제14조제1항에 따른 간호사의 진료지원업무 수행 요건 관리에 관한 업무, 같은 조 제2항에 따른 교육과정 운영기관의 지정·평가에 관한 업무, 병원급 의료기관의 기준 및 절차·요건 준수 확인에 관한 업무를 다음 각 호의 기관 또는 단체에 위탁할 수 있다.

1. 「공공기관의 운영에 관한 법률」 제4조에 따른 공공기관 중 그 설립 목적이 보건의료 또는 인력개발과 관련되는 공공기관

2. 그 밖에 위탁 업무 수행에 필요한 조직·인력 및 전문성 등을 고려하여 보건복지부장관이 고시하는 기관 또는 단체

④ 보건복지부장관은 법 제45조제2항에 따라 법 제27조제3항에 따른 인권침해 예방 교육을 다음 각 호의 어느 하나에 해당하는 기

관 또는 단체에 위탁할 수 있다.

1. 간호사중앙회 또는 그 지부

2. 「공공기관의 운영에 관한 법률」 제4조에 따른 공공기관 중 그 설립 목적이 보건의료와 관련되는 공공기관

3. 「국립중앙의료원의 설립 및 운영에 관한 법률」에 따른 국립중앙의료원

4. 「한국보건복지인재원법」 제2조에 따른 한국보건복지인재원

5. 그 밖에 위탁 업무 수행에 필요한 조직·인력 및 전문성 등을 고려하여 보건복지부장관이 고시하는 기관 또는 단체

⑤ 제1항부터 제4항까지의 규정에 따라 업무를 위탁하는 경우에 위탁 기준, 절차 및 방식 등에 필요한 사항은 보건복지부장관이 정하여 고시한다.

[시행일] 제25조제3항 중 법 제14조제2항에 따른 교육과정 운영기관의 지정·평가 업무의 위탁에 관한 사항은 2025년 6월 21일부터 3년 내에 보건복지부령으로 정하는 시점부터 시행

제26조(민감정보 및 고유식별정보의 처리) 보건복지부장관(법 제6조제2항 후단, 제8조제2항 및 제45조제2항에 따라 보건복지부장관의 업무를 위탁받은 자를 포함한다) 및 시장·군수·구청장(자치구의 구청장을 말한다)은 다음 각 호의 사무를 수행하기 위하여 불가피한 경우 「개인정보 보호법」 제23조에 따른 건강에 관한 정보, 같은 법 시행령 제18조제2호에 따른 범죄경력자료에 해당하는 정보, 같은 영 제19조제1호 또는 제4호에 따른 주민등록번호 또는 외국인등록번호가 포함된 자료를 처리할 수 있다. 다만, 제7호 및 제9호의 사

무의 경우에는 건강에 관한 정보와 범죄경력자료에 해당하는 정보는 제외한다.

1. 법 제4조에 따른 간호사 면허에 관한 사무
2. 법 제5조에 따른 전문간호사의 자격인정에 관한 사무
3. 법 제6조에 따른 간호조무사의 자격인정에 관한 사무
4. 법 제8조에 따른 국가시험의 관리에 관한 사무
5. 법 제9조에 따른 국가시험의 응시자격 제한에 관한 사무
6. 법 제10조에 따른 면허증 또는 자격증의 발급에 관한 사무
7. 법 제14조제1항에 따른 간호사의 진료지원업무 수행 요건 관리에 관한 사무
8. 법 제39조에 따른 면허 또는 자격의 취소와 재교부에 관한 사무
9. 법 제42조에 따른 시정명령에 관한 사무

부칙 〈제35597호, 2025. 6. 20.〉

제1조(시행일) 이 영은 2025년 6월 21일부터 시행한다. 다만, 제25조제3항 중 법 제14조제2항에 따른 교육과정 운영기관의 지정·평가 업무의 위탁에 관한 사항은 2025년 6월 21일부터 3년 내에 보건복지부령으로 정하는 시점부터 시행한다.

제2조(면허재교부 교육프로그램 실시기관에 관한 경과조치) 이 영 시행 전에 종전의 「의료법 시행령」 제31조의8제3항에 따라 고시된 교육프로그램 실시기관은 제24조제2항에 따라 고시된 기관으로 본다.

제3조(수탁기관에 관한 경과조치) 이 영 시행 전에 종전의 「의료법 시행령」 제31조의6, 제40조, 제42조제9항 및 제10항에 따라 업무

를 위탁받은 기관 또는 단체는 제2조, 제22조 및 제25조제1항에 따라 위탁받은 기관 또는 단체로 본다.

제4조(다른 법령의 개정) ① 가습기살균제 피해구제를 위한 특별법 시행령 일부를 다음과 같이 개정한다.

별표 3 비고 제2호가목 중 "「의료법」"을 "「간호법」"으로 한다.

② 국립국가폭력트라우마치유센터의 설립 및 운영에 관한 법률 시행령 일부를 다음과 같이 개정한다.

별표 1 제3호나목2) 중 "「의료법」 제2조제1항"을 "「간호법」 제2조제1호"로 한다.

③ 국민건강보험법 시행령 일부를 다음과 같이 개정한다.

제20조제4호 중 "간호사회"를 "「간호법」 제18조에 따른 간호사중앙회"로 한다.

별표 4의3 제2호카목1) 중 "조산사, 간호사 및 간호조무사"를 "조산사 및 「간호법」에 따른 간호사, 간호조무사"로 한다.

④ 국민건강증진법 시행령 일부를 다음과 같이 개정한다.

제22조제2항 단서 중 "간호사"를 "「간호법」 제2조제1호에 따른 간호사"로 한다.

⑤ 군보건의료에 관한 법률 시행령을 다음과 같이 개정한다.

제2조제1호 중 "같은 법 제80조"를 "「간호법」 제2조제3호"로 한다.

⑥ 노인장기요양보험법 시행령 일부를 다음과 같이 개정한다.

제11조제1항제3호가목 중 "「의료법」 제2조"를 "「간호법」 제2조제1호"로 하고, 같은 호 나목 중 "「의료법」 제80조"를 "「간호법」 제2조제3호"로 하며, 같은 항 제4호다목 중 "「의료법」 제2조"를 "「간호

법」 제2조제1호"로 하고, 같은 호 라목 중 "「의료법」 제80조"를 "「간호법」 제2조제3호"로 한다.

제21조의4제2항제3호 중 "「의료법」"을 "「간호법」"으로 한다.

제23조제2항제1호 중 "간호사"를 "「간호법」에 따른 간호사"로 한다.

⑦ 도로명주소법 시행령 일부를 다음과 같이 개정한다.

제31조제1항제11호 중 "「의료법」"을 "「간호법」"으로, "의료유사업자"를 "「의료법」에 따른 의료유사업자"로 한다.

⑧ 모자보건법 시행령 일부를 다음과 같이 개정한다.

제16조제3항 중 "같은 법 제80조"를 "「간호법」 제2조제3호"로 한다.

⑨ 범죄피해자 보호법 시행령 일부를 다음과 같이 개정한다.

별표 3 제3호나목 중 "간호사"를 "「간호법」에 따른 간호사"로 한다.

⑩ 부가가치세법 시행령 일부를 다음과 같이 개정한다.

제35조제1호 각 목 외의 부분 본문 중 "간호사"를 "「간호법」에 따른 간호사"로 한다.

⑪ 산업안전보건법 시행령 일부를 다음과 같이 개정한다.

제97조제2항 중 "간호사"를 "「간호법」에 따른 간호사"로 한다.

별표 6 제3호 중 "「의료법」"을 "「간호법」"으로 한다.

별표 8 제2호가목1)나) 중 "「의료법」"을 "「간호법」"으로 한다.

별표 10 제2호가목3) 중 "「의료법」 제78조"를 "「간호법」 제5조"로 하고, 같은 호 나목4) 중 "간호사"를 "「간호법」에 따른 간호사"로 한다.

별표 12 제2호나목 총괄책임자의 자격기준란 3) 중 “「의료법」 제78조”를 “「간호법」 제5조”로 하고, 같은 목 강사의 자격기준란 4) 중 “「의료법」”을 “「간호법」”으로 한다.

별표 30 제1호나목 중 “「의료법」”을 “「간호법」”으로 한다.

⑫ 산업재해보상보험법 시행령 일부를 다음과 같이 개정한다.

별표 1의2 제2호서목2) 중 “간호사와 같은 법 제80조에 따른 간호조무사”를 “「간호법」 제2조에 따른 간호사, 간호조무사”로 한다.

⑬ 성폭력방지 및 피해자보호 등에 관한 법률 시행령 일부를 다음과 같이 개정한다.

별표 1 제2호다목2)마) (1)부터 (3)까지 외의 부분 중 “「의료법」 제7조”를 “「간호법」 제4조”로 하고, 같은 목 5)가) 및 나) 중 “「의료법」 제7조”를 각각 “「간호법」 제4조”로 한다.

⑭ 소방기본법 시행령 일부를 다음과 같이 개정한다.

별표 2의2 제10호 중 “「의료법」 제7조”를 “「간호법」 제4조”로 한다.

⑮ 수상에서의 수색·구조 등에 관한 법률 시행령 일부를 다음과 같이 개정한다.

제17조제2항제2호 중 “「의료법」 제80조제1항”을 “「간호법」 제6조제1항”으로 한다.

⑯ 아동복지법 시행령 일부를 다음과 같이 개정한다.

별표 7의4 제1호가목3) 및 같은 호 나목4) 중 “「의료법」”을 각각 “「간호법」”으로 한다.

⑰ 영유아보육법 시행령 일부를 다음과 같이 개정한다.

별표 1 제1호가목6) 중 "「의료법」"을 "「간호법」"으로 한다.

⑱ 의료법 시행령 일부를 다음과 같이 개정한다.

제2조를 삭제한다.

제2조의2제1항제1호다목 중 "법 제80조에 따른 간호조무사"를 "「간호법」 제2조제3호에 따른 간호조무사"로 한다.

제3조제1항 중 "한의사 · 조산사(助産師) 또는 간호사"를 "한의사 또는 조산사(助産師)"로, "조산학 · 간호학"을 "조산학"으로, "한의사 · 조산사 또는 간호사"를 "한의사 또는 조산사"로 한다.

제10조제2항 중 "의료인"을 "의사 · 치과의사 · 한의사 및 조산사"로 한다.

제11조제1항 본문 중 "의료인은"을 "의사 · 치과의사 · 한의사 및 조산사는"으로 하고, 같은 항 단서 중 "의료인"을 "의사 · 치과의사 · 한의사 및 조산사"로 하며, 같은 조 제2항 중 "한의사회 · 조산사회 및 간호사회"를 "한의사회 및 조산사회"로 한다.

제30조제1호 중 "의료인 단체"를 "의료인 단체(「간호법」 제18조에 따른 간호사중앙회를 포함한다)"로 한다.

제31조의6을 삭제한다.

제31조의8제3항제2호 중 "한의사회 · 조산사회 및 간호사회"를 "한의사회 및 조산사회"로 한다.

제40조 및 제41조를 각각 삭제한다.

제42조제9항 및 제10항을 각각 삭제하고, 같은 조 제11항을 다음과 같이 하며, 같은 조에 제12항부터 제14항까지를 각각 다음과

같이 신설한다.

⑪ 보건복지부장관은 제1항부터 제8항까지의 규정에 따라 업무를 위탁하는 경우에는 위탁 기준·절차 및 방법 등에 관한 사항을 미리 공고해야 한다.

⑫ 보건복지부장관은 제1항부터 제8항까지의 규정에 따라 업무를 위탁하는 경우에는 위탁 내용 및 위탁받은 기관·단체 등에 관한 사항을 관보에 고시하고, 보건복지부 인터넷 홈페이지에 게시해야 한다.

⑬ 제1항부터 제8항까지의 규정에 따라 업무를 위탁받은 기관 또는 단체는 보건복지부장관이 정하는 바에 따라 사업운영계획, 사업집행현황, 자금운용계획 및 자금집행내역 등에 관한 사항을 보건복지부장관에게 보고해야 한다.

⑭ 제11항부터 제13항까지의 규정에 따른 위탁 기준 등의 공고, 위탁 내용 등의 고시 또는 위탁 업무의 보고 등에 필요한 세부사항은 보건복지부장관이 정하여 고시한다.

제42조의2 각 호 외의 부분 본문 중 "제11조제2항, 제31조의6제1항"을 "제11조제2항"으로 하고, 같은 조 제9호 및 제10호를 각각 삭제한다.

⑲ 의료사고 피해구제 및 의료분쟁 조정 등에 관한 법률 시행령 일부를 다음과 같이 개정한다.

제14조제2호 중 "간호사"를 "「간호법」 제2조제1호에 따른 간호사"로 한다.

⑳ 자동차손해배상 보장법 시행령 일부를 다음과 같이 개정한다.

별표 2의2 제9호가목 중 "조산사, 간호사 및 간호조무사"를 "조산사 및 「간호법」에 따른 간호사, 간호조무사"로 한다.

㉑ 장애인활동 지원에 관한 법률 시행령 일부를 다음과 같이 개정한다.

제19조제3호가목 중 "「의료법」 제2조"를 "「간호법」 제2조제1호"로 하고, 같은 호 나목 중 "「의료법」 제80조"를 "「간호법」 제2조제3호"로 한다.

제20조제3호 중 "「의료법」 제2조"를 "「간호법」 제4조"로 하고, 같은 조 제4호 중 "「의료법」 제80조"를 "「간호법」 제6조"로 한다.

㉒ 정신건강증진 및 정신질환자 복지서비스 지원에 관한 법률 시행령 일부를 다음과 같이 개정한다.

제25조제2항제3호 중 "「의료법」 제7조"를 "「간호법」 제4조"로 한다.

별표 1 1급의 정신건강간호사란 제1호 중 "「의료법」"을 "「간호법」"으로 하고, 같은 표 2급의 정신건강간호사란 제1호 및 제2호 중 "「의료법」"을 각각 "「간호법」"으로 한다.

㉓ 파견근로자 보호 등에 관한 법률 시행령 일부를 다음과 같이 개정한다.

제2조제2항제3호 중 "같은 법 제80조의2"를 "「간호법」 제15조"로 한다.

㉔ 해외건설 촉진법 시행령 일부를 다음과 같이 개정한다.

제21조의2제3항제2호 중 "「의료법」"을 "「의료법」, 「간호법」"으로 한다.

제5조(다른 법령과의 관계) 이 영 시행 당시 다른 법령에서 종전의

「의료법 시행령」 또는 그 규정을 인용한 경우에 이 영 가운데 그에 해당하는 규정이 있으면 종전의 「의료법 시행령」 또는 그 규정을 갈음하여 이 영 또는 이 영의 해당 규정을 인용한 것으로 본다.

별표 / 서식

[별표] 국가시험 응시제한 기준(제9조 관련)

간호법 시행규칙

[시행 2025. 6. 21.] [보건복지부령 제1118호, 2025. 6. 20., 제정]

제1조(목적)
제2조(간호조무사 국가시험의 응시자격)
제3조(간호조무사 교육훈련기관의 지정 · 평가)
제4조(간호사 국가시험 과목 등)
제5조(간호조무사 국가시험 과목 등)
제6조(면허등록대장 등)
제7조(간호사 면허증 발급)
제8조(간호조무사 자격증 발급)
제9조(국가시험관리기관의 보고사항)
제10조(면허증등의 재발급 등)
제11조(간호사 보수교육의 실시)
제12조(간호사 보수교육의 면제 및 유예)
제13조(간호사 보수교육계획 및 실적 보고)
제14조(간호사 보수교육의 실시 방법 등)
제15조(간호사 보수교육 관계 서류의 보존)
제16조(간호조무사의 보수교육)
제17조(간호조무사 보수교육 관계 서류의 보존)
제18조(간호사의 실태 및 취업상황 등의 신고 및 보고)
제19조(간호조무사의 실태 및 취업상황 등의 신고)
제20조(간호조무사협회의 설립허가 신청 등)
제21조(간호조무사협회 정관의 기재사항 등)
제22조(간호조무사협회 정관 변경의 허가 신청)
제23조(병원급 의료기관의 범위)
제24조(인권침해 예방 교육의 시행 등)
제25조(교육전담간호사)
제26조(실태조사의 방법 등)
제27조(간호정책심의위원회의 구성 등)
제28조(위원회의 운영 등)
제29조(수수료 등)

**개정 예정 법률 밑줄 별도 표시.

간호법 시행규칙

[시행 2025. 6. 21.] [보건복지부령 제1118호, 2025. 6. 20., 제정]

제1조(목적) 이 규칙은 「간호법」및 같은 법 시행령에서 위임된 사항과 그 시행에 필요한 사항을 규정함을 목적으로 한다.

제2조(간호조무사 국가시험의 응시자격) ① 「간호법」(이하 "법"이라 한다) 제6조제1항 각 호 외의 부분에서 "보건복지부령으로 정하는 교육과정"이란 다음 각 호의 과정을 말한다.

1. 법 제6조제2항 전단에 따라 보건복지부장관의 지정을 받은 간호조무사 교육훈련기관(이하 "간호조무사 교육훈련기관"이라 한다)에서 실시하는 740시간 이상의 이론교육 과정

2. 간호조무사 교육훈련기관의 장이 실습교육을 위탁한 의료기관(조산원은 제외한다) 또는 보건소에서 실시하는 780시간 이상의 실습교육 과정. 이 경우 「의료법」 제3조제2항제3호에 따른 병원급 의료기관에서 실시하는 실습교육 과정이 400시간 이상이어야 한다.

② 제1항제2호 전단에 따른 실습교육 과정은 같은 호 후단에 따라 실시하는 실습교육 과정을 제외하고 최대 234시간의 범위에서 보건복지부장관이 정하여 고시하는 요건을 갖춘 간호조무사 교육훈련기관에서 실시하는 실습교육 과정으로 갈음할 수 있다.

③ 보건복지부장관은 「재난 및 안전관리 기본법」 제38조제1항에 따라 주의 이상의 재난 위기경보가 발령되어 제1항 및 제2항에 따른 교육과정을 실시하는 것이 현저히 곤란한 경우에는 보건복지부장관이 정하여 고시하는 바에 따라 그 교육과정을 달리 운영할 수 있다.

④ 간호조무사가 되려는 사람은 제1항 또는 제3항에 따른 교육과정을 이수해야 한다. 다만, 법 제6조제1항제5호 및 제6호에 해당하는 사람은 제1항 또는 제3항에 따른 교육과정을 이수한 것으로 본다.

제3조(간호조무사 교육훈련기관의 지정 · 평가) ① 법 제6조제2항 전단에 따른 간호조무사 교육훈련기관의 지정 · 평가 기준은 다음 각 호와 같다.

1. 교육과정 운영 및 교육내용의 적절성
2. 교육인력, 교육시설 및 교육장비의 적절성
3. 재정 여건 및 교육훈련 능력의 수준
4. 교육 운영실적의 수준
5. 그 밖에 간호조무사 교육훈련기관의 지정 · 평가를 위하여 보건복지부장관이 필요하다고 인정하는 사항

② 법 제6조제2항 전단에 따라 간호조무사 교육훈련기관으로 지정 · 평가를 받으려는 기관은 별지 제1호서식의 간호조무사 교육훈련기관 지정신청서에 다음 각 호의 서류를 첨부하여 보건복지부장관에게 제출해야 한다.

1. 해당 기관의 설치 또는 설립 등에 관한 증빙서류
2. 제1항 각 호의 기준을 갖추었음을 증명할 수 있는 서류

③ 보건복지부장관은 신청기관으로 하여금 법 제6조제2항에 따른

지정 · 평가에 드는 실비(實費)를 부담하게 할 수 있다.

④ 보건복지부장관은 간호조무사 교육훈련기관의 지정 · 평가를 위하여 필요한 경우에는 관계 기관 · 법인 · 단체 및 개인 등에 대하여 필요한 자료의 제출이나 의견의 진술을 요청할 수 있다.

⑤ 보건복지부장관은 법 제6조제2항에 따른 지정 · 평가를 완료한 경우에는 그 평가 결과, 지정 여부 및 지정기간 등을 신청기관에 알려야 한다.

⑥ 보건복지부장관은 제5항에 따른 평가 결과에 따라 간호조무사 교육훈련기관을 지정하는 경우에는 별지 제2호서식의 간호조무사 교육훈련기관 지정서를 발급하고, 그 지정에 관한 사항을 보건복지부 인터넷 홈페이지 등에 게시해야 한다.

⑦ 제6항에 따라 지정서를 발급받은 간호조무사 교육훈련기관은 교육생이 그 지정 사실을 알 수 있도록 지정서를 비치하거나 해당 기관 인터넷 홈페이지에 게시하는 등 필요한 조치를 해야 한다.

⑧ 제1항부터 제7항까지에서 규정한 사항 외에 간호조무사 교육훈련기관의 지정 · 평가 기준, 절차, 방법 및 결과 통보 등에 필요한 세부 사항은 보건복지부장관이 정한다.

제4조(간호사 국가시험 과목 등) 「간호법 시행령」(이하 "영"이라 한다) 제4조제1항에 따른 간호사 국가시험의 시험과목, 시험방법 및 합격자 결정방법은 별표 1과 같다.

제5조(간호조무사 국가시험 과목 등) 영 제4조제2항에 따른 간호조무사 국가시험의 시험과목, 시험방법 및 합격자 결정방법은 별표 2와 같다.

제6조(면허등록대장 등) ① 법 제10조제1항에 따른 간호사 면허등록대장은 별지 제3호서식에 따른다.

② 법 제10조제1항에 따른 간호조무사 자격등록대장은 별지 제4호서식에 따른다.

제7조(간호사 면허증 발급) ① 법 제10조제1항에 따라 간호사 면허증을 발급받으려는 사람은 다음 각 호의 서류를 보건복지부장관에게 제출해야 한다.

1. 다음 각 목의 구분에 따른 서류. 다만, 법률 제8366호 의료법 전부개정법률 부칙 제9조에 해당하는 사람은 그 사실을 증명할 수 있는 서류를 추가로 제출해야 한다.

가. 법 제4조제1항제1호에 해당하는 사람: 졸업증명서

나. 법 제4조제1항제2호에 해당하는 사람: 졸업증명서와 그 면허증 사본

2. 법 제7조제1호 본문에 해당하는 사람이 아님을 증명하는 의사의 진단서 또는 같은 호 단서에 해당하는 사람임을 증명하는 전문의의 진단서

3. 법 제7조제2호에 해당하는 사람이 아님을 증명하는 의사의 진단서

4. 사진(제출일 기준 6개월 이내에 모자를 벗은 상태에서 배경 없이 촬영된 상반신 컬러사진으로 규격은 가로 3.5센티미터, 세로 4.5센티미터로 한다. 이하 같다) 2장

② 보건복지부장관은 제1항에 따라 간호사 면허증의 발급에 필요한 서류를 제출받은 날부터 14일 이내에 별지 제5호서식의 간호사

면허증을 발급해야 한다. 다만, 법 제4조제1항제2호에 해당하는 사람의 경우에는 외국에서 면허를 받은 사실 등에 대한 조회가 끝난 날부터 14일 이내에 면허증을 발급한다.

제8조(간호조무사 자격증 발급) ① 법 제10조제1항에 따라 간호조무사 자격증을 발급받으려는 사람은 다음 각 호의 서류를 보건복지부장관에게 제출해야 한다.

1. 최종학교 졸업증명서(졸업예정증명서를 포함한다) 또는 학력인정서

2. 국·공립 간호조무사양성소의 장 또는 간호조무사 교습과정을 운영하는 학원의 장이 발행한 별지 제6호서식의 간호조무사 교육과정 이수증명서(법 제6조제1항제2호 및 제4호의 경우만 해당한다)

3. 실습 의료기관의 장이 발행한 별지 제7호서식의 간호조무사 의료기관 실습이수증명서(법 제6조제1항제1호부터 제4호까지의 경우만 해당한다)

4. 법 제7조제1호 본문에 해당하는 사람이 아님을 증명하는 의사의 진단서 또는 같은 호 단서에 해당하는 사람임을 증명하는 전문의의 진단서

5. 법 제7조제2호에 해당하는 사람이 아님을 증명하는 의사의 진단서

6. 외국의 대학 또는 전문대학 졸업증명서 및 외국의 간호사 면허증 사본(법 제6조제1항제6호에 따라 법 제4조제1항제2호의 경우만 해당한다)

7. 외국의 간호조무사 교육과정 이수증명서 및 외국의 간호조무사

자격증 사본(법 제6조제1항제5호의 경우만 해당한다)

8. 사진 2장

② 보건복지부장관은 제1항에 따라 간호조무사 자격증의 발급에 필요한 서류를 제출받은 날부터 30일 이내에 별지 제8호서식의 간호조무사 자격증을 발급해야 한다.

제9조(국가시험관리기관의 보고사항) 영 제5조제2항에 따른 국가시험관리기관(이하 "국가시험관리기관"이라 한다)의 장은 간호사 및 간호조무사 국가시험(이하 "국가시험"이라 한다)을 실시하고 그 합격자 발표를 한 후 해당 합격자에 대한 다음 각 호의 사항을 보건복지부장관에게 보고해야 한다.

1. 성명, 성별 및 주민등록번호
2. 출신 학교 및 졸업 연월일
3. 합격번호 및 합격 연월일
4. 국적(외국인만 해당한다)

제10조(면허증등의 재발급 등) ① 간호사 또는 간호조무사는 간호사 면허증 또는 간호조무사 자격증(이하 "면허증등"이라 한다)을 잃어버렸거나 면허증등이 헐어 못 쓰게 되거나 기재사항이 변경되어 면허증등을 재발급받으려는 경우에는 별지 제9호서식 또는 별지 제10호서식의 재발급 신청서에 다음 각 호의 서류를 첨부하여 보건복지부장관에게 제출해야 한다.

1. 면허증등(면허증등이 헐어 못 쓰게 된 경우나 기재사항이 변경된 경우만 해당한다)
2. 사진 2장

3. 변경 사실을 증명할 수 있는 서류(면허증등의 기재사항이 변경된 경우만 해당한다)

② 법 제39조제2항에 따라 취소된 면허증등을 재발급받으려는 사람은 별지 제9호서식 또는 제10호서식의 재발급 신청서에 다음 각 호의 서류를 첨부하여 특별시장·광역시장·특별자치시장·도지사 또는 특별자치도지사를 거쳐 보건복지부장관에게 제출해야 한다.

1. 면허 또는 자격 취소의 원인이 된 사유가 소멸했거나 개전(改悛)의 정이 뚜렷하다고 인정될 수 있는 서류

2. 사진 2장

제11조(간호사 보수교육의 실시) ① 법 제18조제1항에 따른 간호사중앙회(이하 "간호사중앙회"라 한다)는 법 제16조제1항 및 제18조제9항에 따라 다음 각 호의 사항이 포함된 보수교육을 매년 실시해야 한다.

1. 직업윤리에 관한 사항

2. 업무 전문성 향상 및 업무 개선에 관한 사항

3. 의료 관계 법령의 준수에 관한 사항

4. 선진 의료기술 등의 동향 및 추세 등에 관한 사항

5. 그 밖에 보건복지부장관이 간호사의 자질 향상을 위하여 필요하다고 인정하는 사항

② 간호사는 제1항에 따른 보수교육을 연간 8시간 이상 이수해야 한다.

③ 간호사중앙회의 장은 제1항 및 제2항에 따라 보수교육을 이수한 사람에게 별지 제11호서식의 간호사 보수교육 이수증을 발급해

야 한다.

④ 보건복지부장관은 제1항에 따른 보수교육의 내용을 평가할 수 있다.

⑤ 간호사중앙회의 장은 제1항에 따른 보수교육을 다음 각 호의 기관으로 하여금 실시하게 할 수 있다.

1. 법 제18조제4항에 따라 설치된 간호사중앙회의 지부 또는 간호사중앙회의 정관에 따라 설치된 간호학 분야별 전문학회 및 전문단체

2. 간호대학 및 간호대학이 설치된 대학의 부속병원

3. 「전공의의 수련환경 개선 및 지위 향상을 위한 법률」 제13조제1항에 따라 보건복지부장관이 지정하는 수련병원

4. 「한국보건복지인재원법」 제2조에 따른 한국보건복지인재원

5. 다른 법률에 따라 보건의료 및 간호 관련 교육을 실시하는 기관

⑥ 간호사중앙회의 장은 간호사가 제5항제5호의 기관에서 보수교육을 받은 경우 그 교육이수 시간의 전부 또는 일부를 보수교육 이수시간으로 인정할 수 있다.

제12조(간호사 보수교육의 면제 및 유예) ① 다음 각 호의 어느 하나에 해당하는 간호사에 대해서는 해당 연도의 보수교육을 면제한다.

1. 간호대학의 대학원 재학생

2. 제7조제2항에 따라 해당 연도에 신규로 면허증을 발급받은 사람

3. 보수교육에 상응하는 교육을 받는 등 보건복지부장관이 보수교육을 받을 필요가 없다고 인정하는 사람

② 다음 각 호의 어느 하나에 해당하는 간호사에 대해서는 해당

연도의 보수교육을 유예할 수 있다. 이 경우 보수교육이 유예된 간호사는 그 유예사유가 해소된 후 유예된 보수교육을 추가로 받아야 한다.

1. 해당 연도에 6개월 이상 법 제12조에 따른 업무에 종사하지 않은 사람

2. 본인의 질병이나 그 밖의 불가피한 사유로 보수교육을 받기가 곤란하다고 보건복지부장관이 인정하는 사람

③ 제1항 또는 제2항에 따른 보수교육의 면제 또는 유예를 신청하려는 사람(이하 이 조에서 “신청인”이라 한다)은 해당 연도의 보수교육 실시 전에 별지 제12호서식의 간호사 보수교육 면제(유예) 신청서에 보수교육 면제 또는 유예의 사유를 증명할 수 있는 서류를 첨부하여 간호사중앙회의 장에게 제출해야 한다.

④ 제3항에 따라 신청서를 제출받은 간호사중앙회의 장은 신청인이 보수교육 면제 또는 유예 대상자에 해당되는지 여부를 확인하고 별지 제13호서식의 간호사 보수교육 면제(유예) 확인서를 발급해야 한다.

제13조(간호사 보수교육계획 및 실적 보고) ① 간호사중앙회의 장은 보건복지부장관에게 매년 12월 31일까지 다음 연도의 간호사 보수교육계획서를 제출하고, 매년 4월 30일까지 전년도의 간호사 보수교육실적보고서를 제출해야 한다.

② 제1항의 간호사 보수교육계획서는 별지 제14호서식에 따르고, 간호사 보수교육실적보고서는 별지 제15호서식에 따른다.

제14조(간호사 보수교육의 실시 방법 등) 간호사 보수교육의 교과과

정, 실시 방법과 그 밖에 간호사 보수교육을 실시하는 데 필요한 사항은 간호사중앙회의 장이 정한다.

제15조(간호사 보수교육 관계 서류의 보존) 제11조제1항 및 제5항에 따라 보수교육을 실시하는 간호사중앙회 등은 다음 각 호의 서류를 3년간 보존해야 한다.

1. 보수교육 대상자 명단(대상자의 보수교육 이수 여부가 명시되어 있어야 한다)
2. 보수교육 면제자 · 유예자 명단(간호사중앙회만 해당한다)
3. 그 밖에 이수자의 보수교육 이수를 확인할 수 있는 서류

제16조(간호조무사의 보수교육) ① 간호조무사는 법 제16조제2항에 따라 다음 각 호의 사항이 포함된 보수교육을 매년 받아야 한다.

1. 직업윤리에 관한 사항
2. 업무 전문성 향상 및 업무 개선에 관한 사항
3. 의료 관계 법령의 준수에 관한 사항
4. 그 밖에 보건복지부장관이 간호조무사 보수교육에 필요하다고 인정하는 사항

② 간호조무사는 제1항에 따른 보수교육을 연간 8시간 이상 이수해야 한다.

③ 보건복지부장관은 제1항 및 제2항에 따라 보수교육을 이수한 사람에게 별지 제16호서식의 간호조무사 보수교육 이수증을 발급해야 한다.

④ 다음 각 호의 어느 하나에 해당하는 간호조무사에 대해서는 해당 연도의 보수교육을 면제한다.

1. 법 제4조제1항제1호에 따른 간호학을 전공하는 대학이나 전문대학에 재학 중인 사람

2. 제8조제2항에 따라 해당 연도에 신규로 자격증을 발급받은 사람

3. 보수교육에 상응하는 교육을 받는 등 보건복지부장관이 보수교육을 받을 필요가 없다고 인정하는 사람

⑤ 다음 각 호의 어느 하나에 해당하는 간호조무사에 대해서는 해당 연도의 보수교육을 유예할 수 있다. 이 경우 보수교육이 유예된 간호조무사는 그 유예사유가 해소된 후 유예된 보수교육을 추가로 받아야 한다.

1. 해당 연도에 6개월 이상 법 제15조에 따른 업무에 종사하지 않은 사람

2. 본인의 질병이나 그 밖의 불가피한 사유로 보수교육을 받기가 곤란하다고 보건복지부장관이 인정하는 사람

⑥ 제4항 또는 제5항에 따른 보수교육의 면제 또는 유예를 신청하려는 사람(이하 이 조에서 "신청인"이라 한다)은 해당 연도의 보수교육 실시 전에 별지 제17호서식의 간호조무사 보수교육 면제(유예) 신청서에 보수교육 면제 또는 유예의 사유를 증명할 수 있는 서류를 첨부하여 보건복지부장관에게 제출해야 한다.

⑦ 제6항에 따라 신청서를 제출받은 보건복지부장관은 신청인이 보수교육 면제 또는 유예 대상자에 해당되는지 여부를 확인하고 별지 제18호서식의 간호조무사 보수교육 면제(유예) 확인서를 발급해야 한다.

⑧ 제1항부터 제7항까지의 규정에 따른 보수교육의 대상, 방법,

내용, 시간 및 보수교육의 면제·유예 등에 필요한 세부사항은 보건복지부장관이 정한다.

제17조(간호조무사 보수교육 관계 서류의 보존) 보건복지부장관은 다음 각 호의 서류를 3년간 보존해야 한다.

1. 보수교육 대상자 명단(대상자의 보수교육 이수 여부가 명시되어 있어야 한다)

2. 보수교육 면제자·유예자 명단

3. 그 밖에 이수자의 보수교육 이수를 확인할 수 있는 서류

제18조(간호사의 실태 및 취업상황 등의 신고 및 보고) ① 법 제17조제1항 및 영 제12조제1항에 따라 간호사의 실태와 취업상황 등을 신고하려는 사람(이하 이 조에서 "신고인"이라 한다)은 별지 제19호서식의 간호사의 실태 등 신고서에 다음 각 호의 서류를 첨부하여 간호사중앙회의 장에게 제출해야 한다.

1. 별지 제11호서식의 간호사 보수교육 이수증(보수교육을 이수한 사람만 해당한다)

2. 별지 제13호서식의 간호사 보수교육 면제(유예) 확인서(보수교육을 면제 또는 유예받은 사람만 해당한다)

② 제1항에 따른 신고를 받은 간호사중앙회의 장은 신고인이 제11조에 따른 보수교육을 이수했는지 여부를 확인해야 한다.

③ 간호사중앙회의 장은 제1항에 따른 신고 내용과 결과를 반기별로 보건복지부장관에게 보고해야 한다. 다만, 법 제40조에 따라 면허의 효력이 정지된 간호사가 제1항에 따른 신고를 한 경우에는 그 내용과 결과를 지체 없이 보건복지부장관에게 보고해야 한다.

제19조(간호조무사의 실태 및 취업상황 등의 신고) ① 법 제17조제4항에 따라 간호조무사는 제8조제2항에 따라 간호조무사 자격증을 발급받은 날(법 제39조제2항에 따라 자격증을 재교부받은 경우에는 재교부를 받은 날을 말한다)부터 매 3년이 되는 해의 12월 31일까지 보건복지부장관에게 그 실태와 취업상황 등을 신고해야 한다. 다만, 법률 제13658호 의료법 일부개정법률 부칙 제4조에 따라 신고한 경우는 그 신고를 한 날부터 매 3년이 되는 해의 12월 31일까지 신고해야 한다.

② 간호조무사는 제1항에 따른 신고를 할 때에는 별지 제20호서식의 간호조무사의 실태 등 신고서에 다음 각 호의 서류를 첨부하여 보건복지부장관에게 제출해야 한다.

1. 별지 제16호서식의 간호조무사 보수교육 이수증(보수교육을 이수한 사람만 해당한다)

2. 별지 제18호서식의 간호조무사 보수교육 면제(유예) 확인서(보수교육을 면제 또는 유예받은 사람만 해당한다)

③ 보건복지부장관은 제1항 및 제2항에 따른 신고 업무를 효율적으로 처리하기 위하여 해당 업무를 전자적으로 처리할 수 있는 정보처리시스템을 구축·운영할 수 있다.

제20조(간호조무사협회의 설립허가 신청 등) 법 제20조제1항에 따른 간호조무사협회(이하 “간호조무사협회”라 한다)의 설립 허가를 신청하려는 자는 다음 각 호의 서류를 보건복지부장관에게 제출해야 한다.

1. 정관

2. 사업계획서

3. 자산명세서

4. 설립결의서

5. 설립대표자의 선출 경위에 관한 서류

6. 임원의 취임승낙서와 이력서

제21조(간호조무사협회 정관의 기재사항 등) 법 제20조제7항에 따라 간호조무사협회의 정관에 적어야 할 사항은 다음과 같다.

1. 목적

2. 명칭

3. 간호조무사협회의 소재지

4. 재산 또는 회계와 그 밖에 관리·운영에 관한 사항

5. 임원의 선임(選任)에 관한 사항

6. 회원의 자격 및 징계에 관한 사항

7. 정관 변경에 관한 사항

8. 공고 방법에 관한 사항

9. 윤리위원회의 운영 등에 관한 사항

제22조(간호조무사협회 정관 변경의 허가 신청) 법 제20조제8항에 따라 간호조무사협회가 정관 변경의 허가를 받으려면 다음 각 호의 서류를 갖추어 보건복지부장관에게 제출해야 한다.

1. 정관 변경의 내용과 그 이유를 적은 서류

2. 정관 변경에 관한 회의록

3. 정관 신구 대조표와 그 밖의 참고서류

제23조(병원급 의료기관의 범위) 법 제24조제4항, 제29조 및 제30

조제1항에서 "보건복지부령으로 정하는 의료기관"이란 각각 「의료법」 제3조제2항제3호에 따른 병원급 의료기관을 말한다.

제24조(인권침해 예방 교육의 시행 등) ① 법 제27조제3항에 따른 간호사등에 대한 인권침해행위 예방 교육에는 다음 각 호의 사항이 포함되어야 한다.

1. 간호사등의 인권보호를 위한 기본원칙 및 관련 법규
2. 간호사등에 대한 인권침해행위의 유형 및 사례
3. 인권침해행위 발생 시 신고 및 대응에 관한 사항
4. 간호사등의 인권친화적 근무환경 조성을 위한 관리 및 개선방안
5. 그 밖에 간호사등에 대한 인권침해 예방에 필요한 사항

② 제1항에 따른 교육은 간호사등과 의료기관의 장 및 그 종사자를 대상으로 한다.

③ 제1항 및 제2항에서 규정한 사항 외에 간호사등에 대한 인권침해 예방 및 교육에 관하여 필요한 사항은 보건복지부장관이 정한다.

제25조(교육전담간호사) ① 법 제32조제1항에서 "교육전담간호사 양성교육을 이수하는 등 보건복지부령으로 정하는 자격"이란 다음 각 호의 요건을 모두 갖춘 것을 말한다.

1. 보건복지부장관이 정하여 고시하는 바에 따라 교육전담간호사 양성교육을 이수했을 것
2. 「의료법」 제3조제2항제3호가목에 따른 병원 또는 같은 호 바목에 따른 종합병원에서 간호사로 2년 이상 임상업무에 종사한 경

력이 있을 것

② 법 제32조제1항에 따른 교육전담간호사의 배치 대상과 기준은 다음 각 호와 같다.

1. 「의료법」 제3조제2항제3호바목에 따른 종합병원 중 300병상 이상의 종합병원: 2명. 다만, 해당 의료기관의 장이 필요하다고 인정하는 경우에는 300병상을 초과하는 250병상마다 1명을 추가 배치할 수 있다.

2. 「의료법」 제3조제2항제3호가목부터 마목까지에 따른 병원급 의료기관 및 같은 호 바목에 따른 종합병원 중 300병상 미만의 종합병원: 해당 의료기관의 장이 정하는 인원

제26조(실태조사의 방법 등) ① 보건복지부장관은 법 제34조에 따른 간호종합계획을 수립하기 전에 법 제37조제1항에 따른 실태조사(이하 "실태조사"라 한다)를 실시해야 한다.

② 실태조사는 현지조사, 서면조사, 전화, 전자우편 또는 정보통신망 등을 이용하는 방법으로 할 수 있다.

③ 보건복지부장관은 제1항에 따른 실태조사를 효율적으로 추진하기 위하여 필요하다고 인정하는 경우에는 보건의료 관계 연구기관, 단체 또는 전문가 등에게 실태조사를 의뢰하여 실시할 수 있다.

제27조(간호정책심의위원회의 구성 등) ① 법 제38조제1항에 따른 간호정책심의위원회(이하 이 조 및 제28조에서 "위원회"라 한다)의 위원은 다음 각 호의 사람 중에서 보건복지부장관이 성별을 고려하여 임명 또는 위촉한다.

1. 간호사중앙회의 장이 추천하는 다음 각 목의 사람

가. 보건의료기관 또는 교육기관 등에서의 간호 경험이 풍부한 사람

나. 재가(在家) 또는 사회복지시설 등에서의 간호 경험이 풍부한 사람

2. 간호조무사협회의 장이 추천하는 사람

3. 「의료법」 제52조에 따른 의료기관단체에서 추천하는 사람

4. 간호인력 관련 근로자단체가 추천하는 사람

5. 간호인력 또는 보건의료정책에 관한 학식과 경험이 풍부한 사람

6. 교육부 또는 보건복지부에서 보건의료 인력 양성 또는 간호정책 업무를 담당하는 해당 기관 소속의 3급 이상 공무원

② 제1항제1호부터 제5호까지의 규정에 따라 위촉하는 위원(이하 "위촉위원"이라 한다)의 임기는 2년으로 한다. 다만, 위촉위원의 사임 등으로 새로 위촉된 위원의 임기는 전임위원의 남은 임기로 한다.

③ 보건복지부장관은 위촉위원이 다음 각 호의 어느 하나에 해당하는 경우에는 해당 위원을 해촉(解囑)할 수 있다.

1. 심신쇠약 등으로 장기간 직무를 수행할 수 없게 된 경우

2. 직무와 관련된 비위 사실이 있는 경우

3. 직무태만, 품위손상이나 그 밖의 사유로 위원으로 적합하지 않다고 인정되는 경우

4. 위원 스스로 직무를 수행하기 어렵다는 의사를 밝히는 경우

제28조(위원회의 운영 등) ① 위원회의 위원장(이하 이 조에서 "위

원장"이라 한다)은 위원회를 대표하고, 위원회의 업무를 총괄한다.

② 위원장은 위원회의 회의를 소집하고, 그 의장이 된다.

③ 위원장이 부득이한 사유로 직무를 수행할 수 없을 때에는 위원장이 미리 지명한 위원이 그 직무를 대행한다.

④ 위원회의 회의는 재적위원 과반수의 출석으로 개의(開議)하고, 출석위원 과반수의 찬성으로 의결한다.

⑤ 제1항부터 제4항까지에서 규정한 사항 외에 위원회 운영 등에 필요한 사항은 위원회의 의결을 거쳐 위원장이 정한다.

제29조(수수료 등) ① 간호사 또는 간호조무사의 면허증등의 발급 등에 따른 수수료는 다음 각 호와 같다.

1. 면허증등의 신규 발급: 무료
2. 면허증등의 재발급 또는 재교부: 2천원
3. 등록증명의 발급: 500원. 다만, 정보통신망을 이용하여 발급받는 경우에는 무료로 한다.

② 국가시험에 응시하려는 사람은 국가시험관리기관의 장이 보건복지부장관의 승인을 받아 결정한 수수료를 납부해야 한다. 이 경우 수수료의 금액 및 납부방법 등은 국가시험관리기관의 장이 공고한다.

③ 제1항의 수수료는 수입인지로 내거나 정보통신망을 이용하여 전자화폐 또는 전자결제 등의 방법으로 낼 수 있다.

④ 제2항에 따른 수수료는 현금, 신용카드, 직불카드 또는 정보통신망을 이용한 전자화폐 또는 전자결제 등의 방법으로 낼 수 있다.

⑤ 국가시험관리기관의 장은 국가시험에 응시하려는 사람이 다음 각 호의 어느 하나에 해당하는 경우에는 제2항에 따른 수수료의 전

부 또는 일부를 반환해야 한다.

1. 수수료를 과오납(過誤納)한 경우

2. 국가시험관리기관의 귀책사유로 시험에 응시하지 못한 경우

3. 시험시행일 5일 전까지 응시원서의 접수를 취소하는 경우

4. 본인의 사고 또는 질병으로 입원(시험시행일이 입원기간에 포함되는 경우로 한정한다)하여 시험에 응시하지 못한 경우

5. 「감염병의 예방 및 관리에 관한 법률」에 따른 진찰 · 치료 · 입원 또는 격리(시험시행일이 진찰 · 치료 · 입원 또는 격리 기간에 포함되는 경우로 한정한다) 처분을 받아 시험에 응시하지 못한 경우

6. 본인이 사망하거나 다음 각 목의 사람이 시험시행일 7일 전부터 시험시행일까지의 기간에 사망하여 시험에 응시하지 못한 경우

가. 응시하려는 사람의 배우자

나. 응시하려는 사람 본인 및 배우자의 자녀

다. 응시하려는 사람 본인 및 배우자의 부모

라. 응시하려는 사람 본인 및 배우자의 조부모 · 외조부모

마. 응시하려는 사람 본인 및 배우자의 형제자매

⑥ 제5항에 따른 수수료의 반환 기준, 방법 및 절차 등에 관한 세부사항은 국가시험관리기관의 장이 정한다.

부칙 〈제1118호, 2025. 6. 20.〉

제1조(시행일) 이 규칙은 2025년 6월 21일부터 시행한다.

제2조(간호사 국가시험의 과목에 관한 적용례 등) ① 별표 1 제1호는 2028년 1월 1일 이후에 실시하는 간호사 국가시험부터 적용한다.

② 별표 1 제1호에도 불구하고 이 규칙 시행일부터 2027년 12월 31일까지 실시하는 간호사 국가시험의 시험과목에 관하여는 종전의 「의료법 시행규칙」의 규정에 따른다.

제3조(다른 법령의 개정) ① 간호조무사 및 의료유사업자에 관한 규칙 일부를 다음과 같이 개정한다.

제명 “간호조무사 및 의료유사업자에 관한 규칙”을 “의료유사업자에 관한 규칙”으로 한다.

제1조 중 “제80조, 제80조의2, 제80조의3 및 제81조에 따라 간호조무사 · 접골사(接骨士)”를 “제81조에 따라 접골사(接骨士)”로 한다.

제2조의 제목 “(간호조무사 등의 업무 한계)”를 “(업무 한계)”로 한다.

제3조부터 제9조까지를 각각 삭제한다.

제10조 중 “보건복지부장관 또는 특별시장”을 “특별시장”으로, “간호조무사 또는 의료유사업자별”을 “의료유사업자별”로 한다.

제11조제1항 각 호 외의 부분 중 “간호조무사나 의료유사업자”를 “의료유사업자”로, “보건복지부장관 또는 시 · 도지사”를 “시 · 도지사”로 하고, 같은 조 제2항 각 호 외의 부분 중 “다음 각 호의 구분에 따라”를 “특별시 · 광역시 · 도 또는 특별자치도의 조례로 정하는 금액의”로 하며, 같은 항 제1호 및 제2호를 각각 삭제하고, 같은 조 제3항 중 “보건복지부장관 또는 시 · 도지사”를 “시 · 도지사”로 한다.

제12조부터 제16조까지를 각각 삭제한다.

별표를 삭제한다.

별지 제1호서식부터 별지 제4호서식까지를 각각 삭제한다.

별지 제6호서식을 별지와 같이 한다.

별지 제7호서식부터 별지 제12호서식까지를 각각 삭제한다.

② 노인장기요양보험법 시행규칙 일부를 다음과 같이 개정한다.

별표 1 제1호나목 중 "「의료법」 제2호제2항제5호"를 "「간호법」 제2조제1호"로 한다.

③ 의료관계 행정처분 규칙 일부를 다음과 같이 개정한다.

제1조 및 제2조 중 "「의료법」"을 각각 "「의료법」, 「간호법」"으로 한다.

제4조 중 "「의료법」 제68조와"를 "「의료법」 제68조, 「간호법」 제39조 · 제40조 및"으로 한다.

별표 제1호라목4)나)의 감경대상란 중 "「의료법」 제4조제4항"을 "「의료법」 제4조제4항 및 「간호법」제11조제1항"으로 하고, 같은 표 제2호가목 표 외의 부분 중 "「의료법」(이하 이 표에서 "법"이라 한다)"을 "「의료법」(이하 이 표에서 "법"이라 한다), 「간호법」"으로 하며, 같은 목 1), 1)의2, 1의4), 2), 17) 및 28)을 각각 다음과 같이 한다.

1) 법 제4조제4항 또는 「간호법」 제11조제1항을 위반하여 면허증을 빌려준 경우	법 제65조제1항 제4호 및 「간호법」 제39조제1항제5호	면허 취소
1)의2 법 제4조제6항을 위반하여 일회용 주사 의료용품을 한 번 사용한 후 다시 사용하여 사람의 생명 또는 신체에 중대한 위해를 발생하게 한 경우	법 제65조제1항 제6호 및 「간호법」 제39조제1항제6호	면허 취소

1)의4 법 제8조 각 호 및 「간호법」 제7조 각 호의 어느 하나의 결격사유에 해당된 경우	법 제65조제1항제1호 및 「간호법」 제39조제1항제1호	면허취소
2) 법 제11조제1항 및 「간호법」 제10조제2항에 따른 면허의 조건을 이행하지 않은 경우	법 제65조제1항제3호 및 「간호법」 제39조제1항제4호	면허취소
17) 법 제25조 및 「간호법」 제17조제1항ㆍ제4항에 따른 신고를 하지 않은 경우	법 제66조제4항 및 「간호법」 제40조	면허정지 (신고할 때까지)
28) 법 제66조에 따른 자격정지처분기간 중에 의료행위를 하거나 3회 이상 자격정지처분을 받은 경우	법 제65조제1항제2호 및 「간호법」 제39조제1항제2호	면허취소

④ 전문간호사 자격인정 등에 관한 규칙 일부를 다음과 같이 개정한다.

제1조 중 "「의료법」 제78조"를 "「간호법」 제5조"로 한다.

제3조 각 호 외의 부분 중 "「의료법」 제78조제3항"을 "「간호법」 제13조제1항"으로 한다.

제4조제1항 중 "「의료법」 제78조제2항제1호"를 "「간호법」 제5조제2항제1호"로 한다.

제9조제1항 중 "「의료법」 제78조제2항"을 "「간호법」 제5조제2항"으로 한다.

제13조 중 "「의료법 시행규칙」"을 "「간호법 시행규칙」"으로 한다.

⑤ 지역보건법 시행규칙 일부를 다음과 같이 개정한다.제4조의2제1항제1호 중 "간호사"를 "「간호법」 제12조에 따른 간호사"로 한다.

제4조(다른 법령과의 관계) 이 규칙 시행 당시 다른 법령에서 종전의 「의료법 시행규칙」 또는 그 규정을 인용한 경우에 이 규칙 가운

데 그에 해당하는 규정이 있으면 종전의 「의료법 시행규칙」 또는 그 규정을 갈음하여 이 규칙 또는 이 규칙의 해당 규정을 인용한 것으로 본다.

별표 / 서식

[별표 1] 간호사 국가시험의 시험과목, 시험방법 및 합격자 결정방법(제4조 관련)

[별표 2] 간호조무사 국가시험의 시험과목, 시험방법 및 합격자 결정방법(제5조 관련)

[별지 제1호서식] 간호조무사 교육훈련기관 지정신청서

[별지 제2호서식] 간호조무사 교육훈련기관 지정서

[별지 제3호서식] 간호사 면허등록대장

[별지 제4호서식] 간호조무사 자격등록대장

[별지 제5호서식] 간호사 면허증

[별지 제6호서식] 간호조무사 교육과정 이수증명서

[별지 제7호서식] 간호조무사 의료기관 실습이수증명서

[별지 제8호서식] 간호조무사 자격증

[별지 제9호서식] 간호사 면허증 재발급 신청서

[별지 제10호서식] 간호조무사 자격증 재발급 신청서

[별지 제11호서식] 간호사 보수교육 이수증

[별지 제12호서식] 간호사 보수교육 (면제, 유예)신청서

[별지 제13호서식] 간호사 보수교육(면제, 유예)확인서

[별지 제14호서식] 간호사 보수교육계획서 제출

[별지 제15호서식] 간호사 보수교육실적보고서 제출

[별지 제16호서식] 간호조무사 보수교육 이수증

[별지 제17호서식] 간호조무사 보수교육(면제, 유예)신청서

[별지 제18호서식] 간호조무사 보수교육(면제, 유예)확인서

[별지 제19호서식] 간호사의 실태 등 신고서

[별지 제20호서식] 간호조무사의 실태 등 신고서

대한민국 법령 시리즈 535

간호법

법 령 / 시 행 령 / 시 행 규 칙

2025년 6월 21일 인쇄 정가 12,000원
2025년 7월 1일 발행

편 저 편집부
디 자 인 송영미
발 행 인 조준형
발 행 처 해광출판사
http://www.hgbookpub.com
E-mail : munbookcokr@naver.com
주 소 부산광역시 중구 해관로 41-1 (중앙동2가)
전화번호 (051) 253-0001 팩스 (051) 245-1187
등 록 제 2012-000005호

해광출판사에서는 여러분의 소중한 원고와 함께 할 기회를 기다리고 있습니다. 책으로 엮을 원고나 아이디어가 있으신 분들은 이메일 munbookcokr@naver.com로 책에 대한 간단한 개요와 원고 전체 또는 일부를 연락처와 함께 보내주십시오.

ISBN 979-11-6881-844-6

※ 법령 출처 : 법제처 국가법령정보센터
※ 본 도서는 〈공공데이터 제공 및 이용 활성화에 관한 법률〉을 근거로 출판되었습니다.

해광출판사 대한민국 법령 시리즈

001. 선원법
002. 어선법
003. 선박직원법
004. 해사안전기본법
005. 해양환경관리법
006. 선박의 입항 및 출항등에 관한 법률
007. 학교안전사고예방 및 보상에 관한 법률
008. 종합부동산세법
009. 방위사업법
010. 행정규제기본법
011. 식품산업진흥법
012. 위험물안전관리법
013. 화재의 예방 및 안전관리에 관한 법률
014. 도시가스사업법
015. 실내공기질관리법
016. 지방세법
017. 소득세법
018. 법인세법
019. 도선법
020. 선박안전법
021. 선박법
022. 수산업법
023. 고압가스안전관리법
024. 국민연금법
025. 공동주택관리법
026. 화학물질관리법
027. 어선원 및 어선 재해보상보험법
028. 장기등 이식에 관한 법률
029. 자연재해대책법
030. 공유재산 및 물품 관리법
031. 산업입지 및 개발에 관한 법률
032. 부정경쟁방지 및 영업비밀보호에 관한 법률
033. 금융지주회사법
034. 온실가스 배출권의 할당 및 거래에 관한 법률
035. 건축사법
036. 산림문화휴양에 관한 법률
037. 전기사업법
038. 사립학교법
039. 고등교육법
040. 액화석유가스의 안전관리 및 사업법
041. 선박투자회사법
042. 수산자원관리법
043. 위험물선박운송및저장규칙
044. 선박평형수관리법
045. 주택임대차보호법
046. 상가건물임대차보호법
047. 지방공기업법
048. 승강기안전관리법
049. 수목원·정원의 조성 및 진흥에 관한 법률
050. 민법
051. 치료감호 등에 관한 법률
052. 대부업 등의 등록 및 금융이용자 보호에 관한 법률
053. 사료관리법
054. 무형문화재 보전 및 진흥에 관한 법률
055. 총포·도검·화약류 등의 안전관리에 관한 법률
056. 경찰관직무집행법
057. 시설물의 안전 및 유지관리에 관한 특별법
058. 수산생물질병 관리법
059. 소비자기본법
060. 국제선박등록법
061. 정보통신망 이용촉진 및 정보보호 등에 관한 법률
062. 해운법
063. 농수산물 품질관리법
064. 수산업협동조합법
065. 해외건설촉진법
066. 수상레저안전법
067. 공무원재해보상법
068. 수상에서의 수색·구조 등에 관한 법률
069. 어촌어항법
070. 항만법
071. 항만운송사업법
072. 해양경비법
073. 해양사고의 조사 및 심판에 관한 법률
074. 외국인근로자의 고용 등에 관한 법률
075. 중소기업기본법
076. 자유무역지역의 지정 및 운영에 관한 법률
077. 대기환경보전법
078. 소음진동관리법
079. 폐기물관리법
080. 하수도법
081. 물환경보전법
082. 토양환경보전법
083. 환경정책기본법
084. 산업재해보상보험법
085. 관세법
086. 노동조합 및 노동관계조정법
087. 근로기준법
088. 군인연금법
089. 먹는물관리법
090. 기술보증기금법
091. 관광진흥법
092. 감염병의 예방 및 관리에 관한 법률
093. 사법경찰관리의 직무를 수행할 자와 그 직무범위에 관한 법률
094. 수의사법
095. 가정폭력방지 및 피해자보호 등에 관한 법률
096. 환경영향평가법
097. 체육시설의 설치 · 이용에 관한 법률
098. 장사 등에 관한 법률
099. 상호저축은행법
100. 은행법
101. 보호관찰 등에 관한 법률
102. 형법
103. 자동차관리법
104. 형사소송법
105. 전자금융거래법
106. 마약류 불법거래 방지에 관한 특례법
107. 도로법
108. 주세법
109. 변리사법
110. 하천법
111. 중소기업진흥에 관한 법률
112. 발달장애인 권리보장 및 지원에 관한 법률
113. 주택법
114. 장애인복지법
115. 농어업경영체 육성 및 지원에 관한 법률
116. 공인중개사법
117. 건강기능식품에 관한 법률
118. 예비군법
119. 개발제한구역의 지정 및 관리에 관한 특별조치법
120. 국유재산법
121. 주차장법
122. 환경기술 및 환경산업 지원법
123. 대기관리권역의 대기환경개선에 관한 특별법
124. 악취방지법
125. 미세먼지 저감 및 관리에 관한 특별법
126. 가축분뇨의 관리 및 이용에 관한 법률
127. 물의 재이용 촉진 및 지원에 관한 법률
128. 물관리기본법
129. 물관리기술 발전 및 물산업 진흥에 관한 법률
130. 자원의 절약과 재활용촉진에 관한 법률
131. 전기 · 전자제품 및 자동차의 자원순환에 관한 법률
132. 건설폐기물의 재활용촉진에 관한 법률
133. 수도권매립지관리공사의 설립 및 운영 등에 관한 법률
134. 폐기물의 국가 간 이동 및 그 처리에 관한 법률
135. 폐기물처리시설 설치촉진 및 주변지역지원 등에 관한 법률
136. 자원순환기본법
137. 잔류성오염물질 관리법
138. 환경분쟁 조정법

해광출판사 대한민국 법령 시리즈

139. 화학물질의 등록 및 평가 등에 관한 법률
140. 환경오염시설의 통합관리에 관한 법률
141. 환경오염피해 배상책임 및 구제에 관한 법률
142. 중소기업제품 구매촉진 및 판로지원에 관한 법률
143. 환경개선비용 부담법
144. 환경분야 시험·검사 등에 관한 법률
145. 환경친화적 산업구조로의 전환촉진에 관한 법률
146. 환경친화적 자동차의 개발 및 보급 촉진에 관한 법률
147. 환경범죄 등의 단속 및 가중처벌에 관한 법률
148. 생명윤리 및 안전에 관한 법률
149. 장애인차별금지 및 권리구제 등에 관한 법률
150. 부동산투자회사법
151. 정치자금법
152. 과학기술기본법
153. 대리점거래의 공정화에 관한 법률
154. 상속세 및 증여세법
155. 학원의 설립 · 운영 및 과외교습에 관한 법률
156. 해양심층수의 개발 및 관리에 관한 법률
157. 전기용품 및 생활용품 안전관리법
158. 사회기반시설에 대한 민간투자법
159. 공직선거법
160. 정당법
161. 유류오염손해배상 보장법
162. 부정청탁 및 금품등 수수의 금지에 관한 법률
163. 항로표지법
164. 어장관리법
165. 민방위기본법
166. 공직자윤리법
167. 선거관리위원회법
168. 유선 및 도선 사업법
169. 전기공사업법
170. 사회복지사업법
171. 택지개발촉진법
172. 국가공무원법
173. 민간임대주택에 관한 특별법
174. 어음법·수표법
175. 민사집행법
176. 상법
177. 문화예술진흥법
178. 중소기업협동조합법
179. 농업협동조합법
180. 도로교통법
181. 의료사고 피해구제 및 의료분쟁 조정 등에 관한 법률
182. 산림보호법
183. 소년법
184. 동물보호법
185. 건축물관리법
186. 도시개발법
187. 화물자동차 운수사업법
188. 도시 및 주거환경정비법
189. 의료법
190. 국회법
191. 응급의료에 관한 법률
192. 출입국관리법
193. 노인복지법
194. 산림자원의 조성 및 관리에 관한 법률
195. 청소년 보호법
196. 초 · 중등교육법
197. 혁신도시 조성 및 발전에 관한 특별법
198. 경제자유구역의 지정 및 운영에 관한 특별법
199. 공공기관의 운영에 관한 법률
200. 대한민국헌법
201. 국민기초생활 보장법
202. 저작권법
203. 가사소송법
204. 국가유공자 등 예우 및 지원에 관한 법률
205. 국민체육진흥법
206. 전통주 등의 산업진흥에 관한 법률
207. 재난 및 안전관리 기본법
208. 정보통신공사업법
209. 주식회사 등의 외부감사에 관한 법률
210. 공익사업을 위한 토지 등의 취득 및 보상에 관한 법률
211. 개인정보 보호법
212. 국세기본법
213. 에너지이용 합리화법
214. 감정평가 및 감정평가사에 관한 법률
215. 국가인권위원회법
216. 가맹사업거래의 공정화에 관한 법률
217. 보건의료기본법
218. 산업안전보건법
219. 법무사법
220. 교육공무원법
221. 특허법
222. 민사소송법
223. 아동복지법
224. 전파법
225. 하도급거래 공정화에 관한 법률
226. 기초연금법
227. 사립학교교직원 연금법
228. 직업안정법
229. 장애아동 복지지원법
230. 부동산등기법
231. 자동차손해배상 보장법
232. 철도안전법
233. 항공안전법
234. 전자상거래 등에서의 소비자보호에 관한 법률
235. 독점규제 및 공정거래에 관한 법률
236. 상표법
237. 채무자 회생 및 파산에 관한 법률
238. 공무원연금법
239. 축산법
240. 근로복지기본법
241. 민원 처리에 관한 법률
242. 약사법
243. 방문판매 등에 관한 법률
244. 건축기본법
245. 지방세기본법
246. 지방세징수법
247. 지방자치법
248. 도시교통정비 촉진법
249. 공공주택 특별법
250. 국세징수법
251. 공인노무사법
252. 중대재해 처벌 등에 관한 법률
253. 외무공무원법
254. 소방시설공사업법
255. 검역법
256. 공중위생관리법
257. 할부거래에 관한 법률
258. 인터넷 멀티미디어 방송사업법
259. 전기통신사업법
260. 제품안전기본법
261. 철도사업법
262. 어린이제품 안전 특별법
263. 영유아보육법
264. 원자력안전법
265. 보험업법
266. 경비업법
267. 교통안전법
268. 세무사법
269. 관세사법
270. 공인회계사법
271. 지방공무원법
272. 고용정책 기본법
273. 국가경찰과 자치경찰의 조직 및 운영에 관한 법률
274. 협동조합 기본법
275. 재해구호법
276. 환경보건법

해광출판사 **대한민국 법령 시리즈**

277. 자살예방 및 생명존중문화 조성을 위한 법률
278. 소방산업의 진흥에 관한 법률
279. 소방기본법
280. 비송사건절차법
281. 자연환경보전법
282. 변호사법
283. 기업구조조정투자회사법
284. 전기통신기본법
285. 에너지법
286. 해양생태계의 보전 및 관리에 관한 법률
287. 사회보장기본법
288. 통신비밀보호법
289. 공증인법
290. 물류시설의 개발 및 운영에 관한 법률
291. 청소년활동 진흥법
292. 형의 집행 및 수용자의 처우에 관한 법률
293. 도시공원 및 녹지 등에 관한 법률
294. 태권도 진흥 및 태권도공원 조성 등에 관한 법률
295. 녹색건축물 조성 지원법
296. 우편법
297. 예금자보호법
298. 건설산업기본법
299. 금융회사의 지배구조에 관한 법률
300. 장애인활동 지원에 관한 법률
301. 언론중재 및 피해구제 등에 관한 법률
302. 국가재정법
303. 농지법
304. 게임산업진흥에 관한 법률
305. 정신건강증진 및 정신질환자 복지서비스 지원에 관한 법률
306. 디자인보호법
307. 의료기사 등에 관한 법률
308. 스마트도시 조성 및 산업진흥 등에 관한 법률
309. 내수면어업법
310. 한국주택금융공사법
311. 의료기기법
312. 유통산업발전법
313. 전통시장 및 상점가 육성을 위한 특별법
314. 여신전문금융업법
315. 해외자원개발 사업법
316. 산업교육진흥 및 산학연협력촉진에 관한 법률
317. 빈집 및 소규모주택 정비에 관한 특례법
318. 기업도시개발 특별법
319. 전력기술관리법
320. 국토기본법
321. 지하수법
322. 식품위생법
323. 광업법
324. 호스피스·완화의료 및 임종과정에 있는 환자의 연명의료결정에 관한 법률
325. 주식·사채 등의 전자등록에 관한 법률
326. 표시·광고의 공정화에 관한 법률
327. 골재채취법
328. 국민건강증진법
329. 새마을금고법
330. 여객자동차 운수사업법
331. 마리나항만의 조성 및 관리 등에 관한 법률
332. 한부모가족지원법
333. 국가를 당사자로 하는 계약에 관한 법률
334. 지방자치단체를 당사자로 하는 계약에 관한 법률
335. 축산물 위생관리법
336. 병역법
337. 음악산업진흥에 관한 법률
338. 국가균형발전 특별법
339. 첨단재생의료 및 첨단바이오의약품 안전 및 지원에 관한 법률
340. 공간정보의 구축 및 관리 등에 관한 법률
341. 공유수면 관리 및 매립에 관한 법률
342. 농수산물 유통 및 가격안정에 관한 법률
343. 아시아문화중심도시 조성에 관한 특별법
344. 신탁법
345. 자연공원법
346. 생활화학제품 및 살생물제의 안전관리에 관한 법률
347. 군인사법
348. 국제조세조정에 관한 법률
349. 낙동강수계 물관리 및 주민지원 등에 관한 법률
350. 주민등록법
351. 집합건물의 소유 및 관리에 관한 법률
352. 집단에너지사업법
353. 산림조합법
354. 반도체집적회로의 배치설계에 관한 법률
355. 자본시장과 금융투자업에 관한 법률
356. 담보부사채신탁법
357. 근로자퇴직급여 보장법
358. 국제과학비즈니스벨트 조성 및 지원에 관한 특별법
359. 수도법
360. 식품 등의 표시 · 광고에 관한 법률
361. 약관의 규제에 관한 법률
362. 인삼산업법
363. 종자산업법
364. 항공사업법
365. 건설기계관리법
366. 군형법
367. 궤도운송법
368. 기술의 이전 및 사업화 촉진에 관한 법률
369. 농수산물의 원산지 표시 등에 관한 법률
370. 담배사업법
371. 석유 및 석유대체연료 사업법
372. 가축전염병 예방법
373. 농어촌정비법
374. 식물신품종 보호법
375. 항공보안법
376. 중소기업창업 지원법
377. 군사법원법
378. 우주개발 진흥법
379. 해저광물자원 개발법
380. 산림복지 진흥에 관한 법률
381. 지능형 로봇 개발 및 보급 촉진법
382. 헌법재판소법
383. 옥외광고물 등의 관리와 옥외광고산업 진흥에 관한 법률
384. 혈액관리법
385. 국제항해선박 등에 대한 해적행위 피해예방에 관한 법률
386. 유료도로법
387. 독립유공자예우에 관한 법률
388. 신에너지 및 재생에너지 개발 · 이용 · 보급 촉진법
389. 신용정보의 이용 및 보호에 관한 법률
390. 출판문화산업 진흥법
391. 공항시설법
392. 국민 평생 직업능력 개발법
393. 아동 · 청소년의 성보호에 관한 법률
394. 방송법쉬
395. 신용보증기금법
396. 화장품법
397. 청소년 기본법
398. 인터넷주소자원에 관한 법률
399. 양곡관리법
400. 도로명주소법
401. 전자문서 및 전자거래 기본법
402. 산업기술의 유출방지 및 보호에 관한 법률
403. 국가기술자격법
404. 양식산업발전법
405. 산업기술혁신 촉진법
406. 새만금사업 추진 및 지원에 관한 특별법
407. 전자정부법
408. 지역 개발 및 지원에 관한 법률
409. 한국농어촌공사 및 농지관리기금법
410. 계량에 관한 법률
411. 기업활동 규제완화에 관한 특별조치법
412. 군에서의 형의 집행 및 군수용자의 처우에 관한 법률

해광출판사 대한민국 법령 시리즈

413. 규제자유특구 및 지역특화발전특구에 관한 규제특례법
414. 금융위원회의 설치 등에 관한 법률
415. 남녀고용평등과 일·가정 양립 지원에 관한 법률
416. 농어업인 삶의 질 향상 및 농어촌지역 개발촉진에 관한 특별법
417. 댐건설·관리 및 주변지역지원 등에 관한 법률
418. 국가유산수리 등에 관한 법률
419. 법원조직법
420. 보훈보상대상자 지원에 관한 법률
421. 부패방지 및 국민권익위원회의 설치와 운영에 관한 법률
422. 과학기술분야 정부출연연구기관 등의 설립·운영 및 육성에 관한 법률
423. 연구개발특구의 육성에 관한 특별법
424. 친환경농어업 육성 및 유기식품 등의 관리·지원에 관한 법률
425. 연안관리법
426. 영화 및 비디오물의 진흥에 관한 법률
427. 신용협동조합법
428. 방송통신발전 기본법
429. 범죄피해자 보호법
430. 가축 및 축산물 이력관리에 관한 법률
431. 국가표준기본법
432. 국가통합교통체계효율화법
433. 범죄인 인도법
434. 국가과학기술 경쟁력 강화를 위한 이공계지원 특별법
435. 국제경기대회 지원법
436. 금융혁신지원 특별법
437. 수자원의 조사·계획 및 관리에 관한 법률
438. 축산자조금의 조성 및 운용에 관한 법률
439. 소방시설 설치 및 관리에 관한 법률
440. 양성평등기본법
441. 축산계열화사업에 관한 법률
442. 수입식품안전관리 특별법
443. 대외무역법
444. 국가연구개발사업 등의 성과평가 및 성과관리에 관한 법률
445. 무역보험법
446. 기술사법
447. 광산안전법
448. 농약관리법
449. 농업·농촌 및 식품산업 기본법
450. 문화산업진흥 기본법
451. 부담금관리 기본법
452. 야생생물 보호 및 관리에 관한 법률
453. 한국은행법
454. 별정우체국법
455. 원양산업발전법
456. 콘텐츠산업 진흥법
457. 한국수출입은행법
458. 외국인투자 촉진법
459. 물류정책기본법
460. 전자서명법
461. 산업발전법
462. 산업표준화법
463. 소프트웨어 진흥법
464. 토지이용규제 기본법
465. 해수욕장의 이용 및 관리에 관한 법률
466. 정보통신 진흥 및 융합 활성화 등에 관한 특별법
467. 정보통신산업 진흥법
468. 지진·화산재해대책법
469. 소금산업진흥법
470. 위치정보의 보호 및 이용 등에 관한 법률
471. 외국법자문사법
472. 이러닝(전자학습)산업 발전 및 이러닝 활용 촉진에 관한 법률
473. 암관리법
474. 실용신안법
475. 가족관계의 등록 등에 관한 법률
476. 무인도서의 보전 및 관리에 관한 법률
477. 감사원법
478. 정보보호산업의 진흥에 관한 법률
479. 결혼중개업의 관리에 관한 법률
480. 공익신고자 보호법
481. 박물관 및 미술관 진흥법
482. 낚시 관리 및 육성법
483. 동산·채권 등의 담보에 관한 법률
484. 임금채권보장법
485. 국민투표법
486. 농림수산업자 신용보증법
487. 국가채권 관리법
488. 중소기업은행법
489. 식품안전기본법
490. 외국환거래법
491. 발명진흥법
492. 건설기술 진흥법
493. 기후위기 대응을 위한 탄소중립·녹색성장 기본법
494. 인체조직안전 및 관리 등에 관한 법률
495. 엔지니어링산업 진흥법
496. 신문 등의 진흥에 관한 법률
497. 식물방역법
498. 석탄산업법
499. 산업융합 촉진법
500. 비료관리법
501. 임업 및 산촌 진흥촉진에 관한 법률
502. 복권 및 복권기금법
503. 대규모유통업에서의 거래 공정화에 관한 법률
504. 뉴스통신 진흥에 관한 법률
505. 지능정보화 기본법
506. 자격기본법
507. 중소기업 기술혁신 촉진법
508. 국가공간정보 기본법
509. 농어업재해대책법
510. 방송광고판매대행 등에 관한 법률
511. 지식재산 기본법
512. 초고층 및 지하연계 복합건축물 재난관리에 관한 특별법
513. 해양 조사와 해양정보 활용에 관한 법률
514. 공간정보산업 진흥법
515. 공공기관의 정보공개에 관한 법률
516. 행정기본법
517. 해상교통안전법
518. 농어업재해보험법
519. 문화유산의 보존 및 활용에 관한 법률
520. 자연유산의 보존 및 활용에 관한 법률
521. 국토의 계획 및 이용에 관한 법률
522. 건축법
523. 국민건강보험법
524. 계엄법
525. 환경친화적 선박의 개발 및 보급 촉진에 관한 법률
526. 해양폐기물 및 해양오염퇴적물 관리법
527. 연안사고 예방에 관한 법률
528. 전기안전관리법
529. 의약품 등의 안전에 관한 규칙
530. 공공보건의료에 관한 법률
531. 군보건의료에 관한 법률
532. 농어촌 등 보건의료를 위한 특별조치법
533. 보호소년 등의 처우에 관한 법률
534. 국가를 당사자로 하는 소송에 관한 법률
535. 간호법

*** 해광출판사의 법령 시리즈는 계속 발행 됩니다.**
**** 각 도서의 개정판은 인쇄일을 기준으로 제작 되었습니다.**